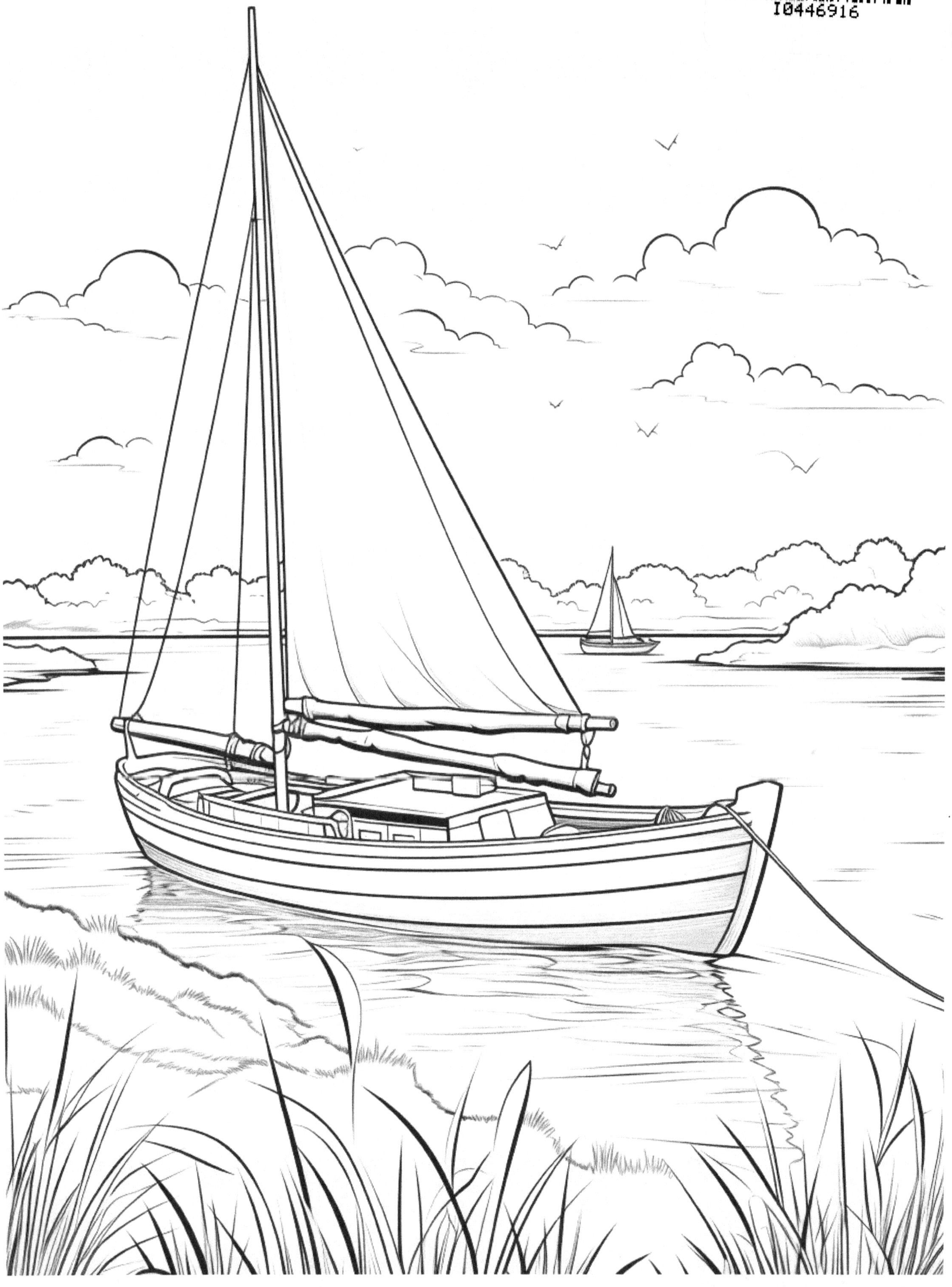

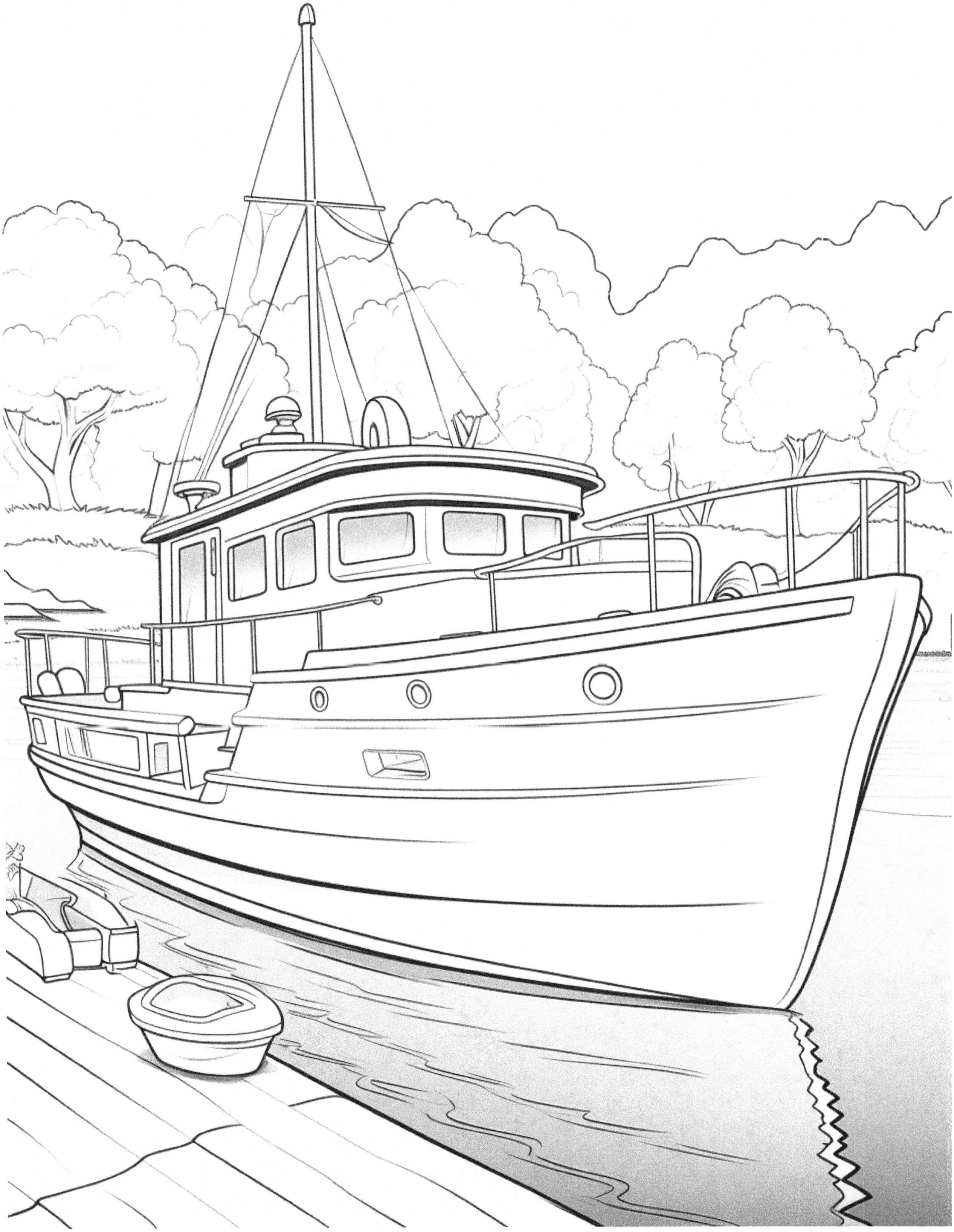

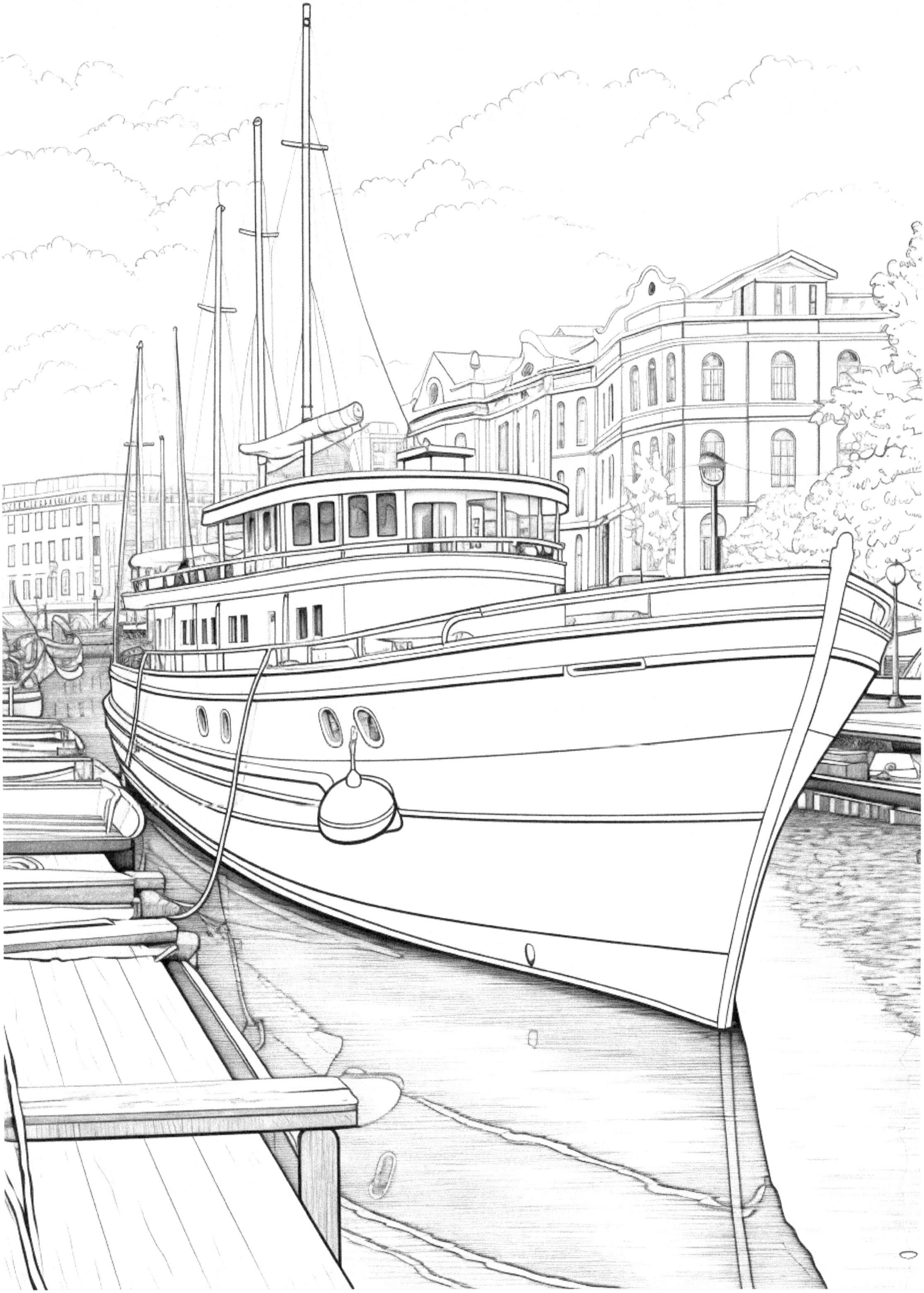

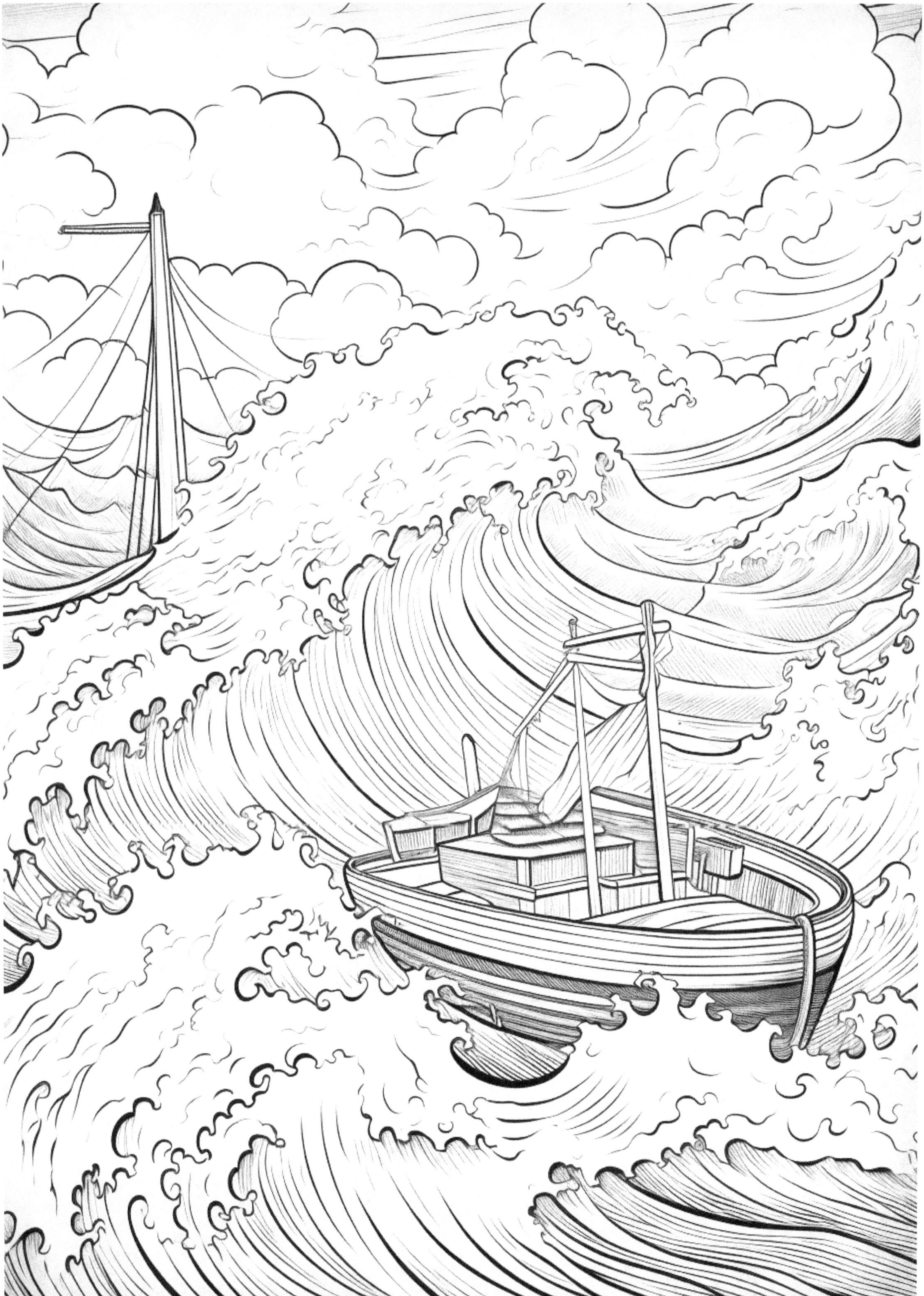

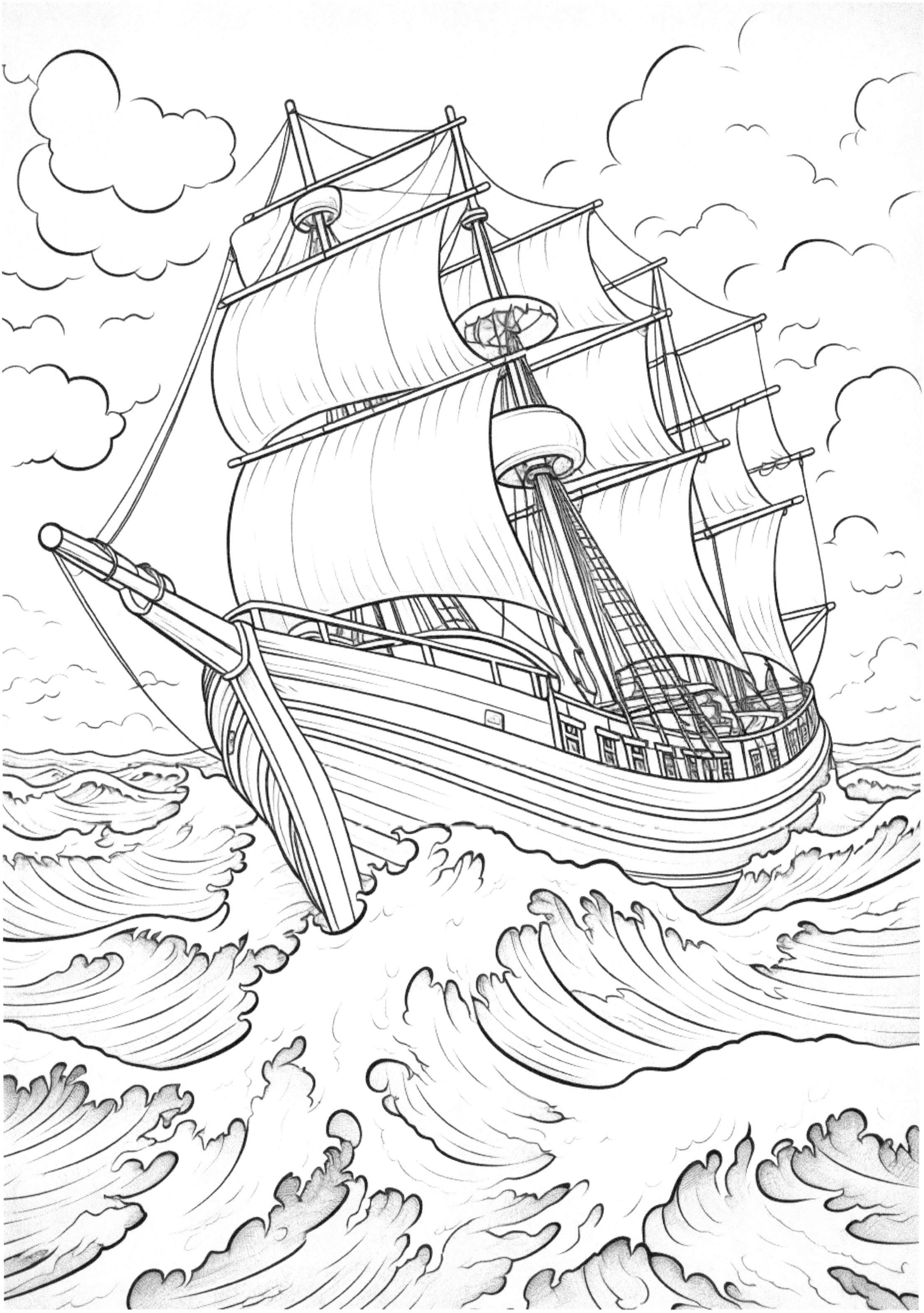

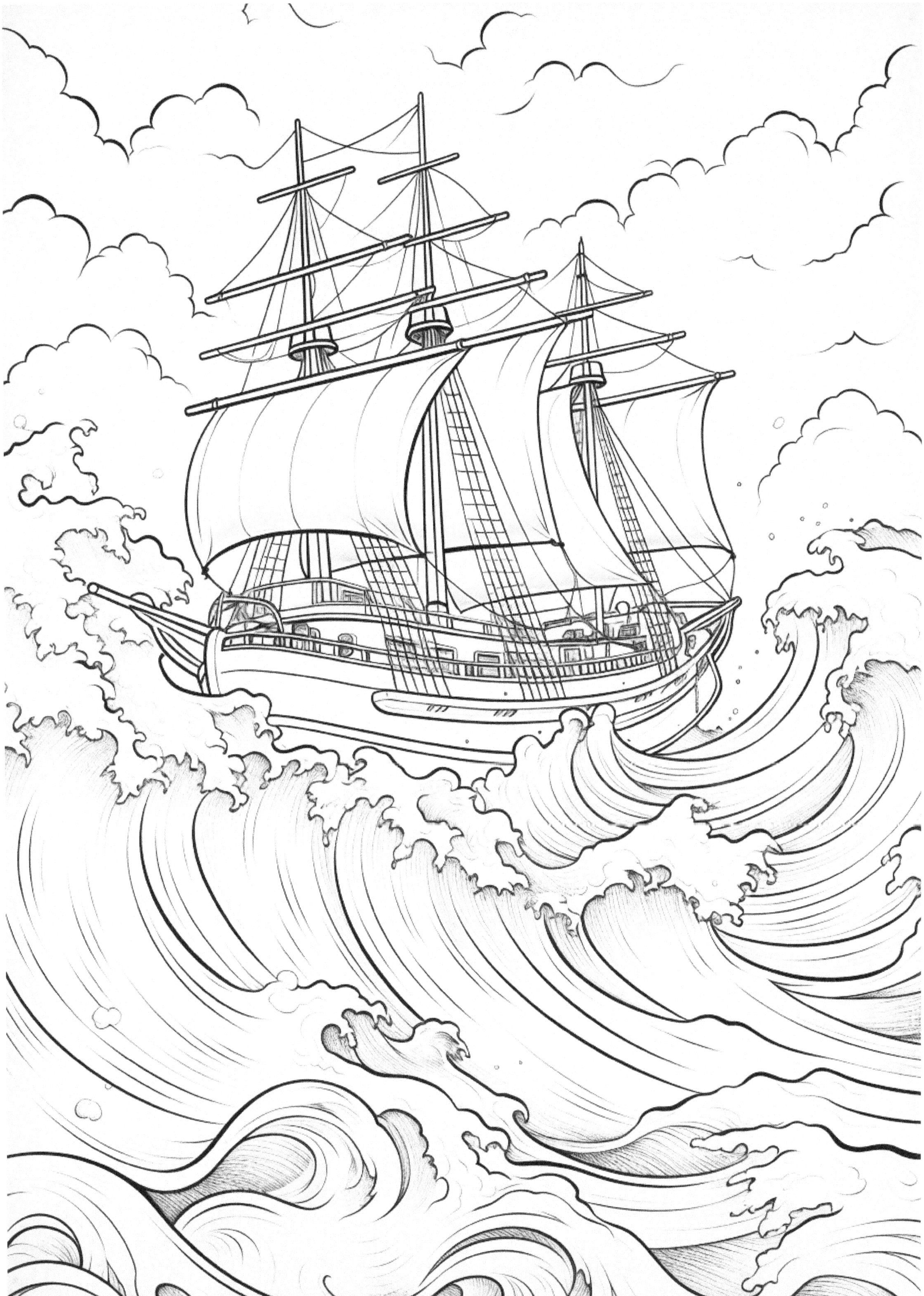

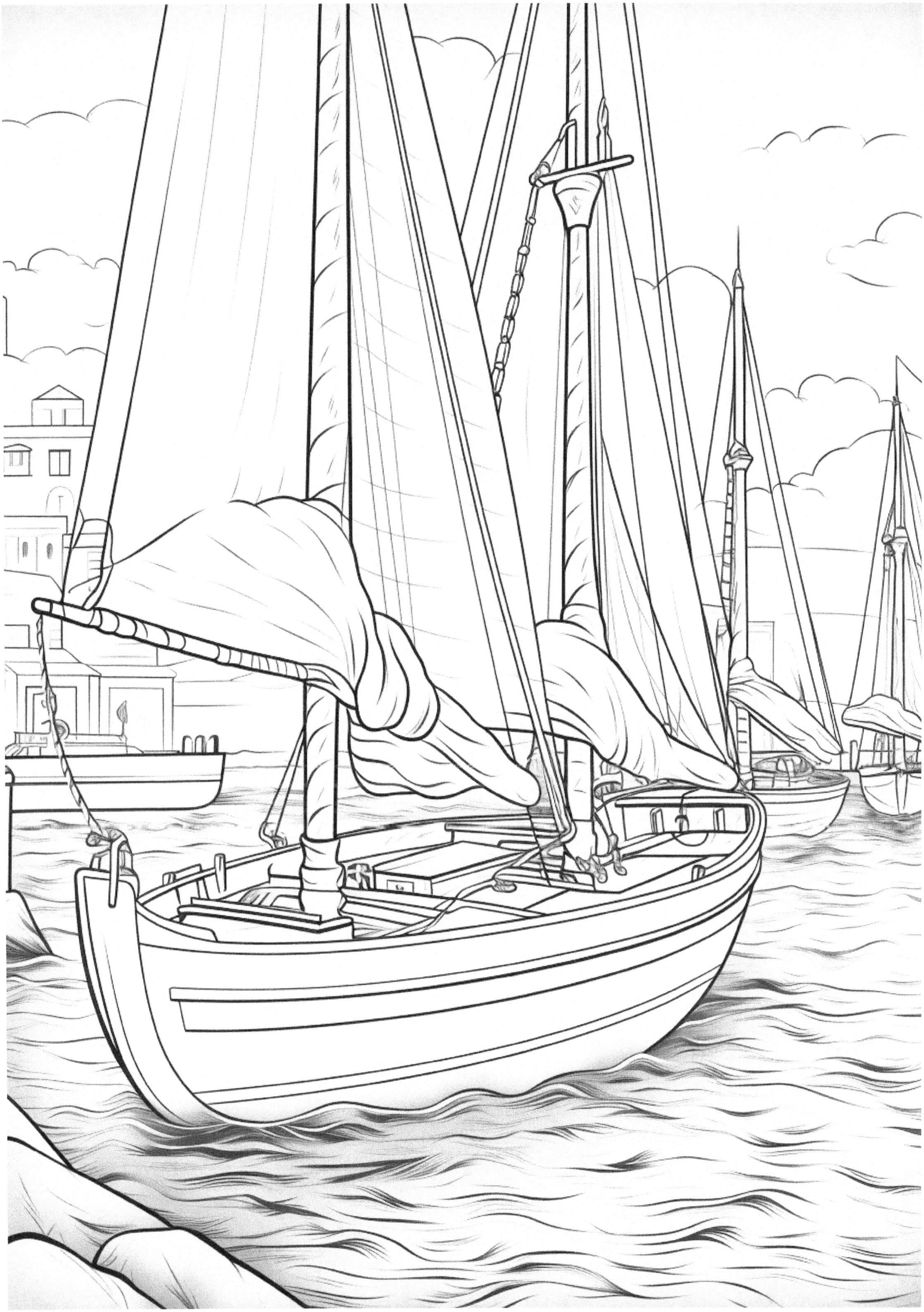

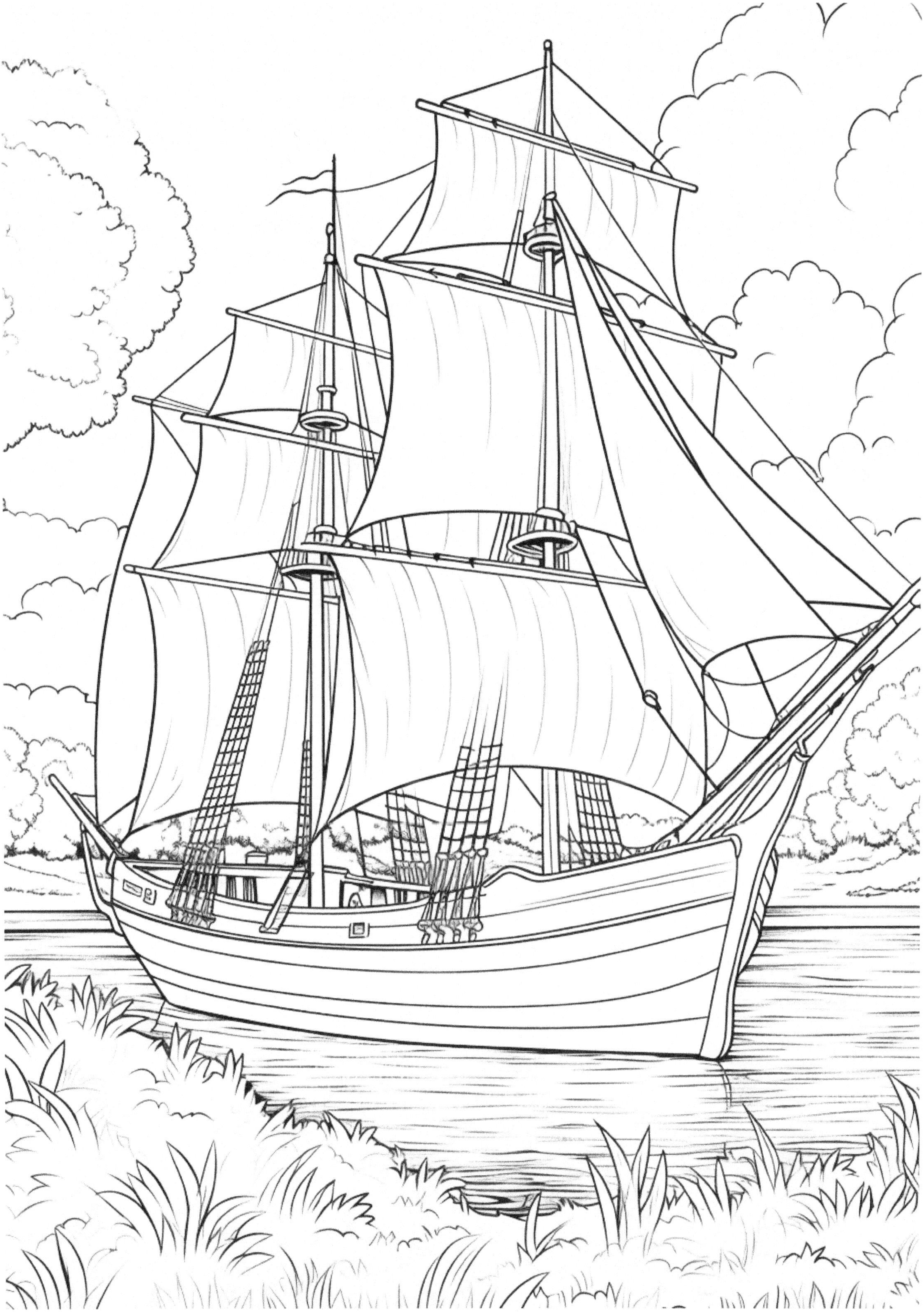

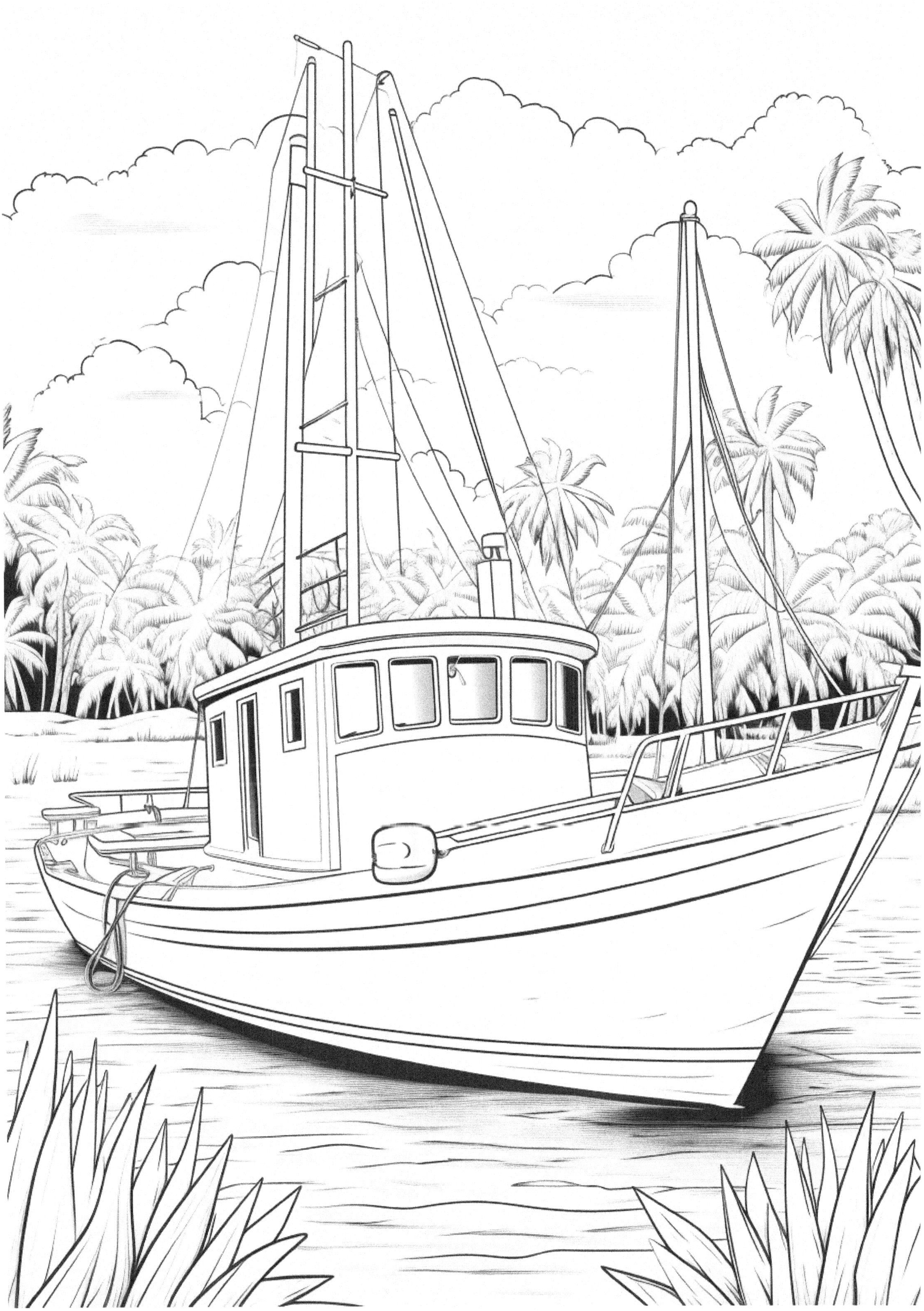

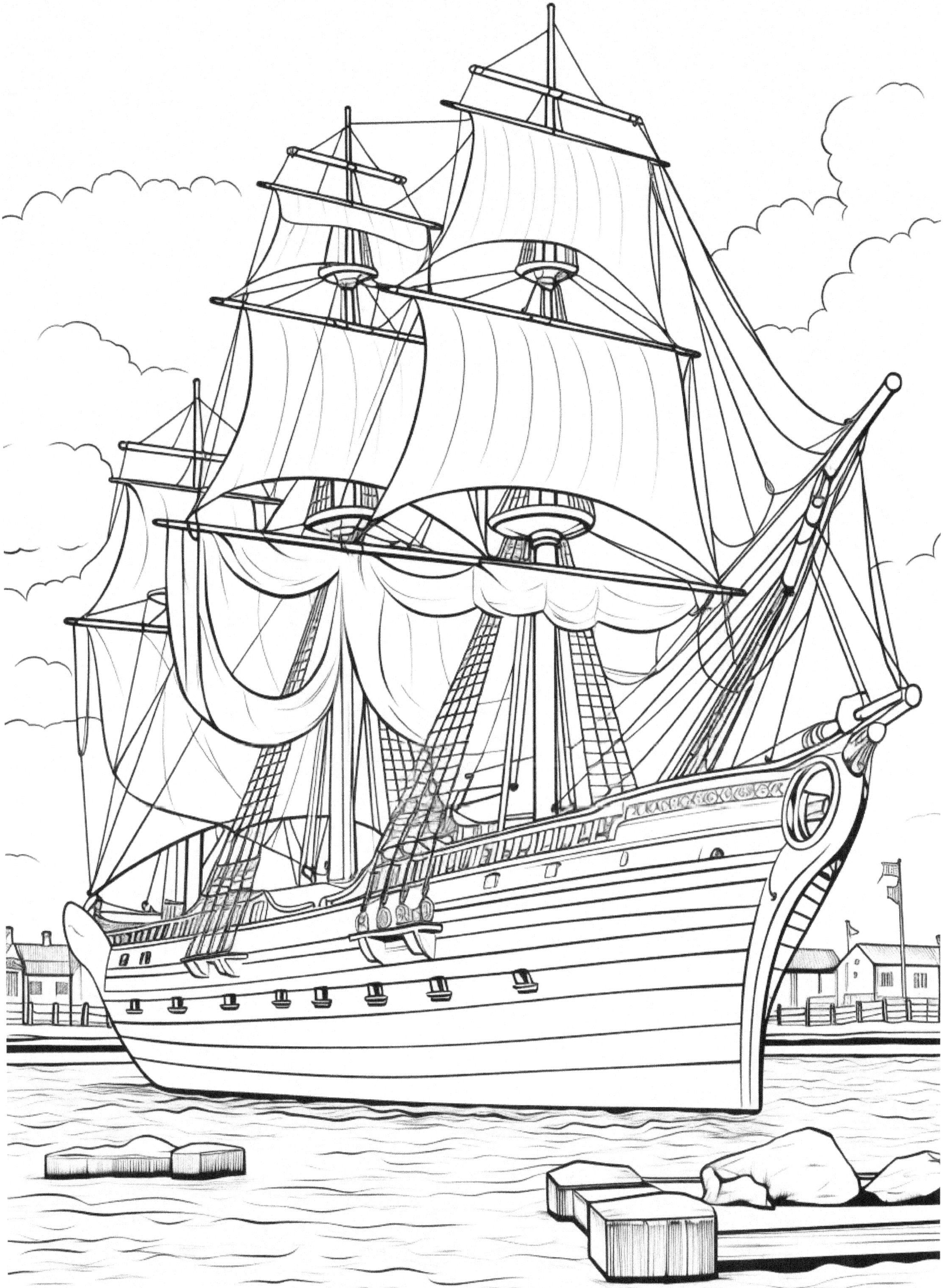

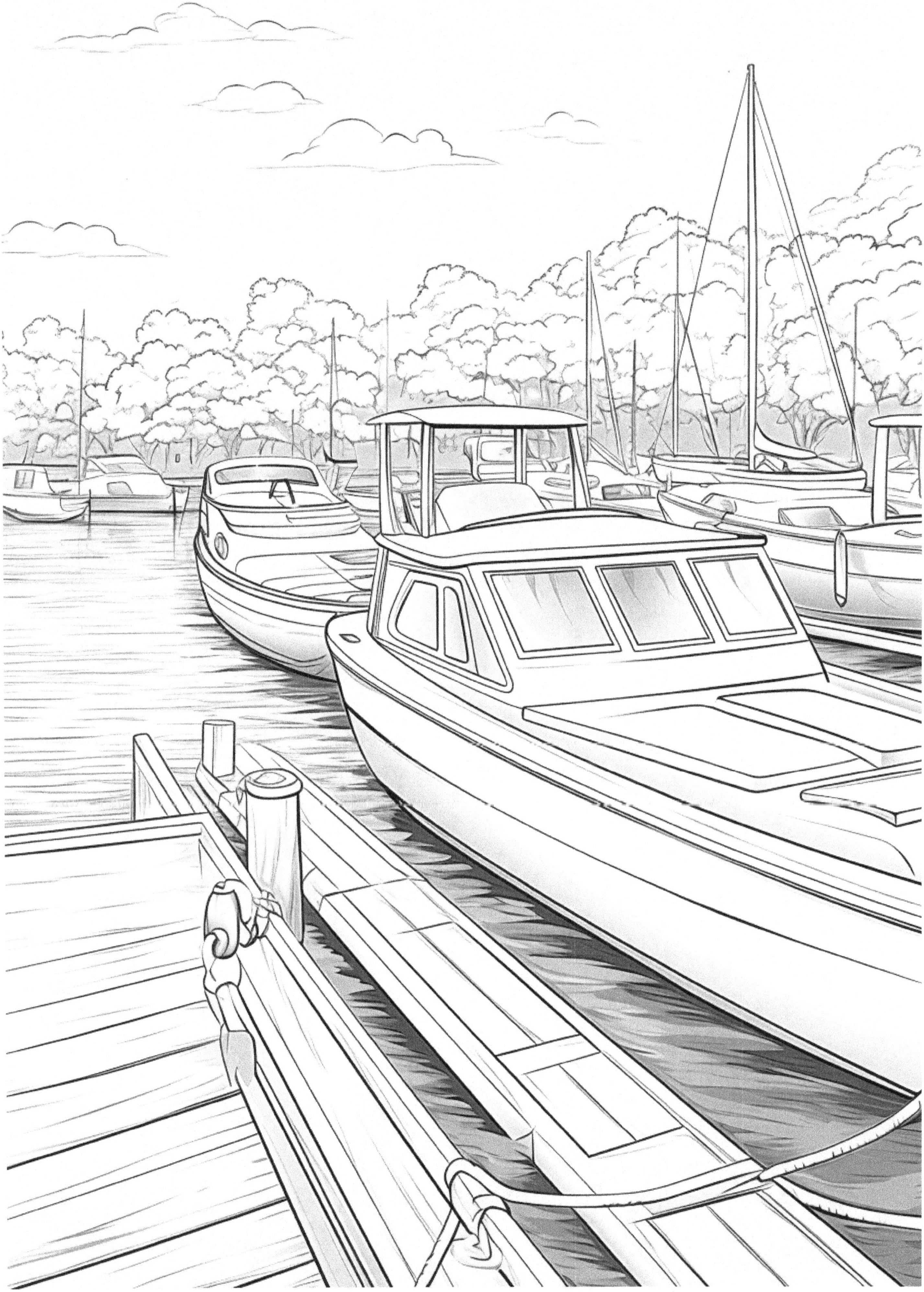

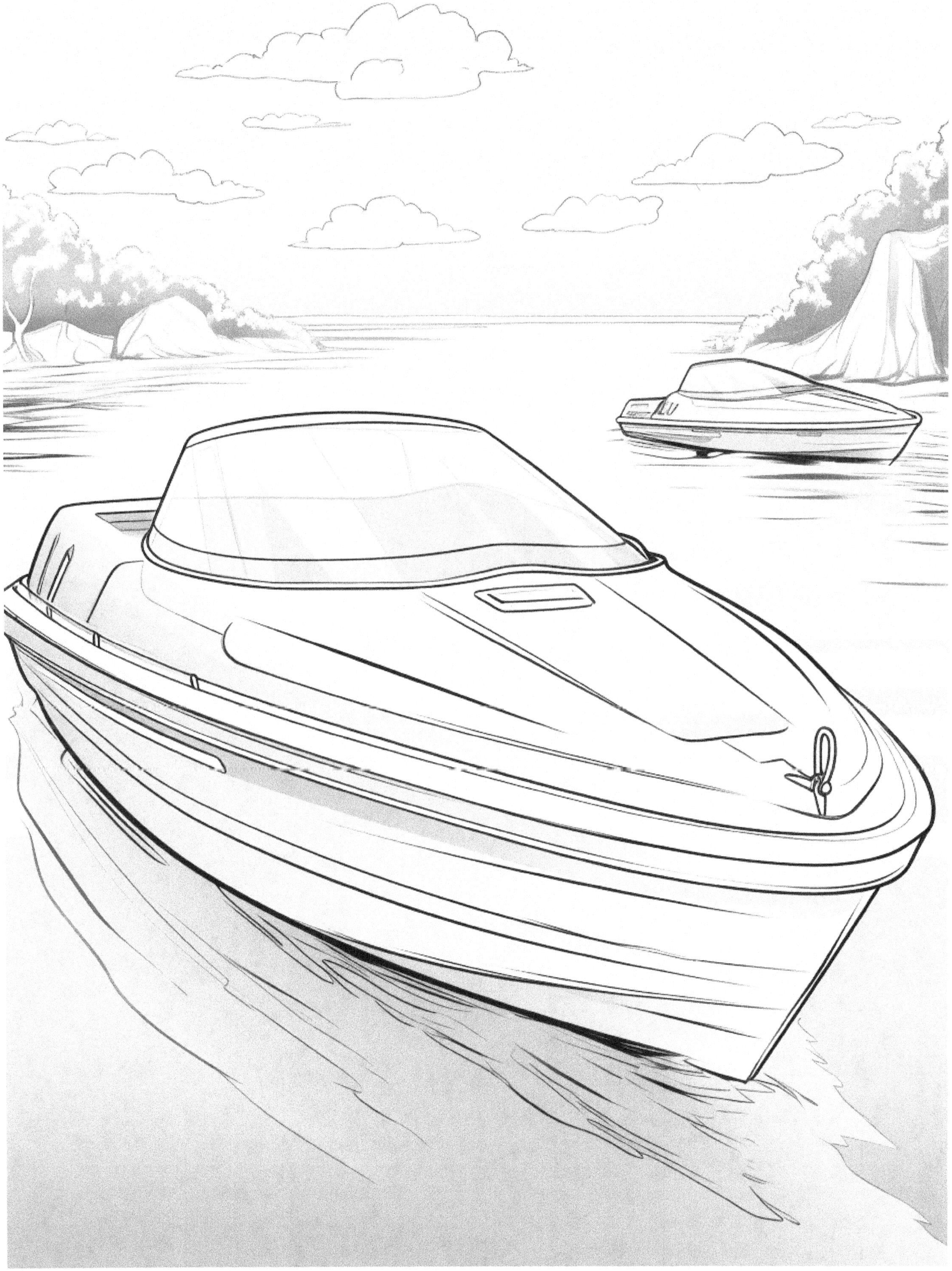

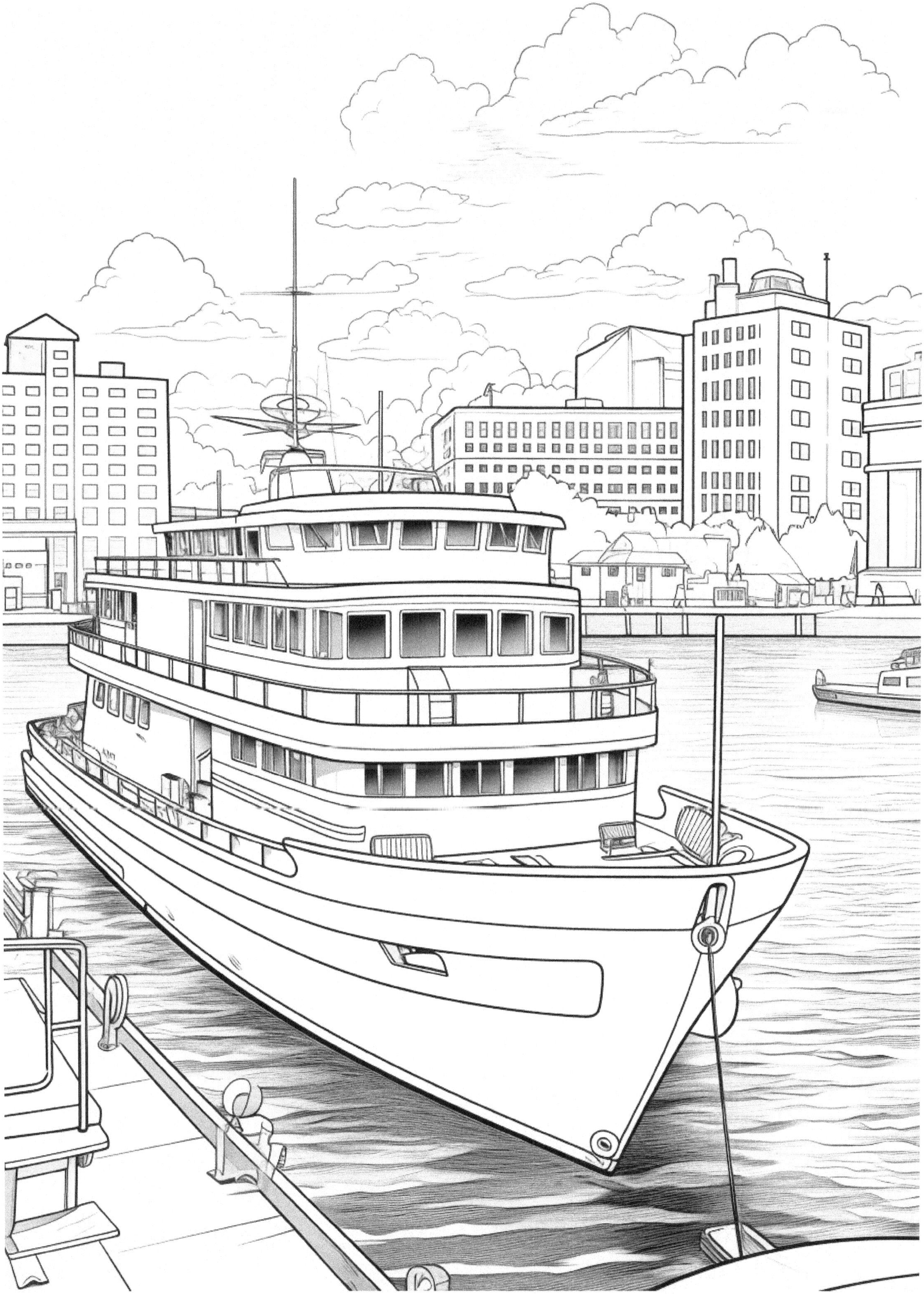

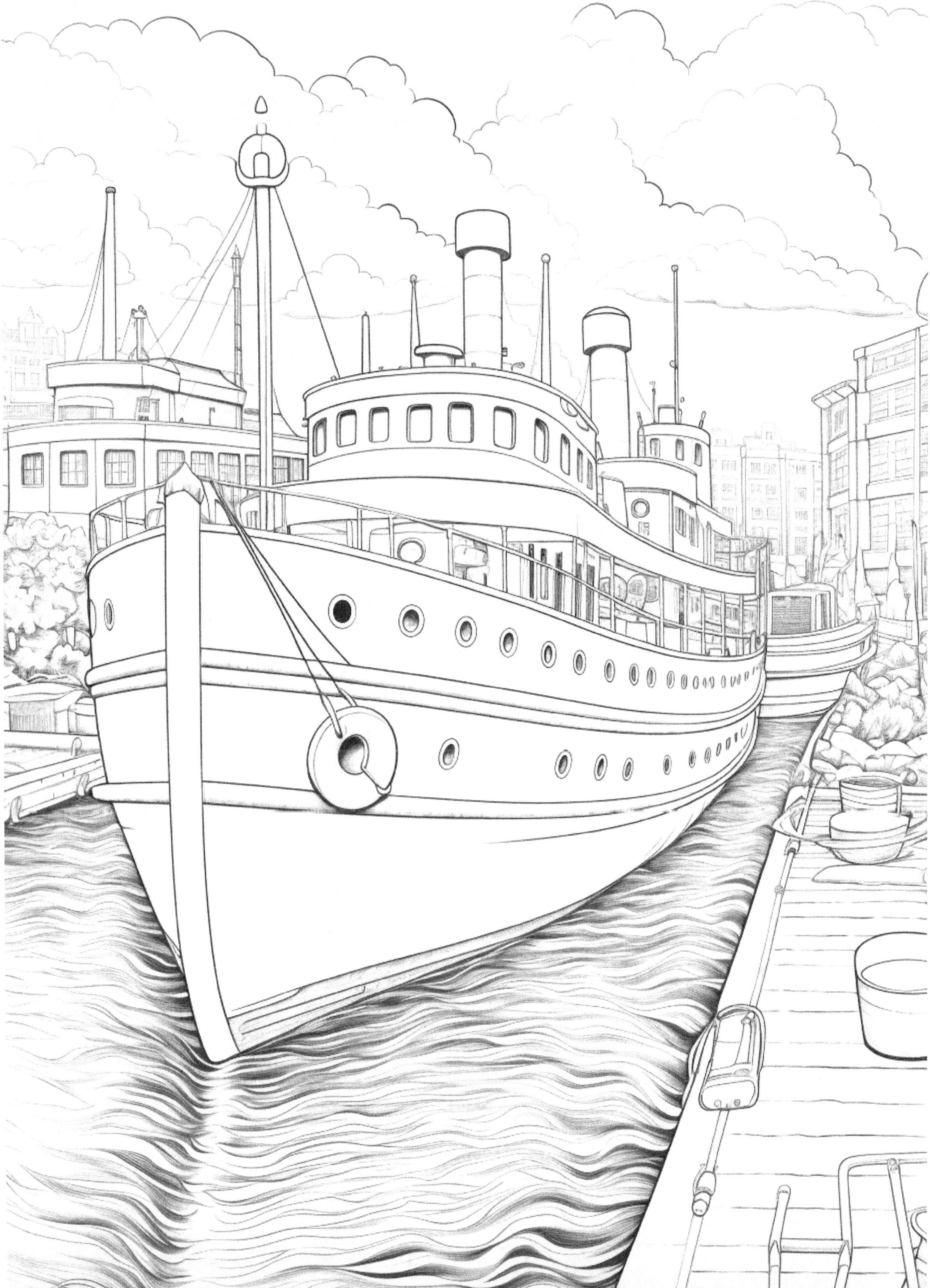

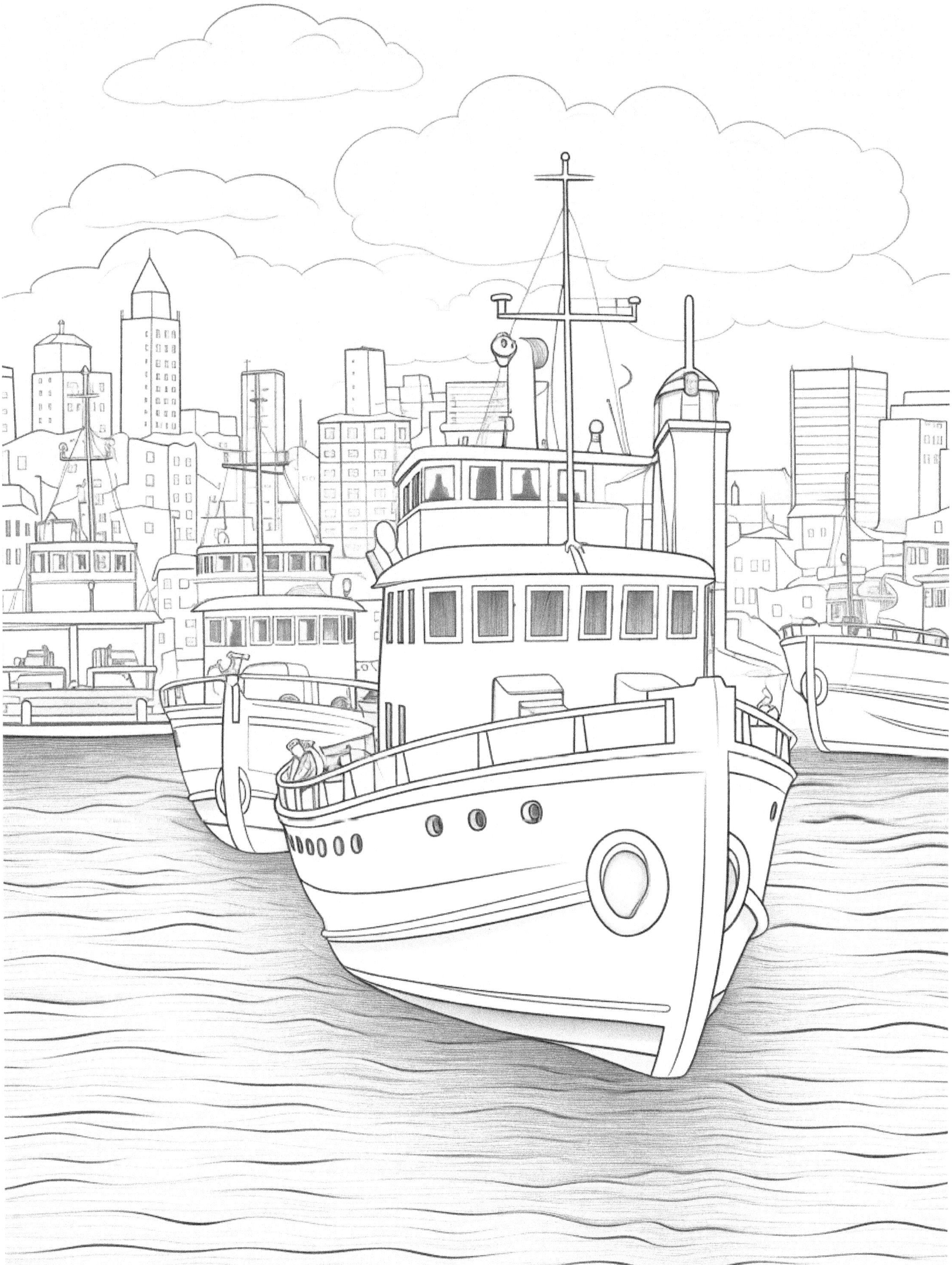

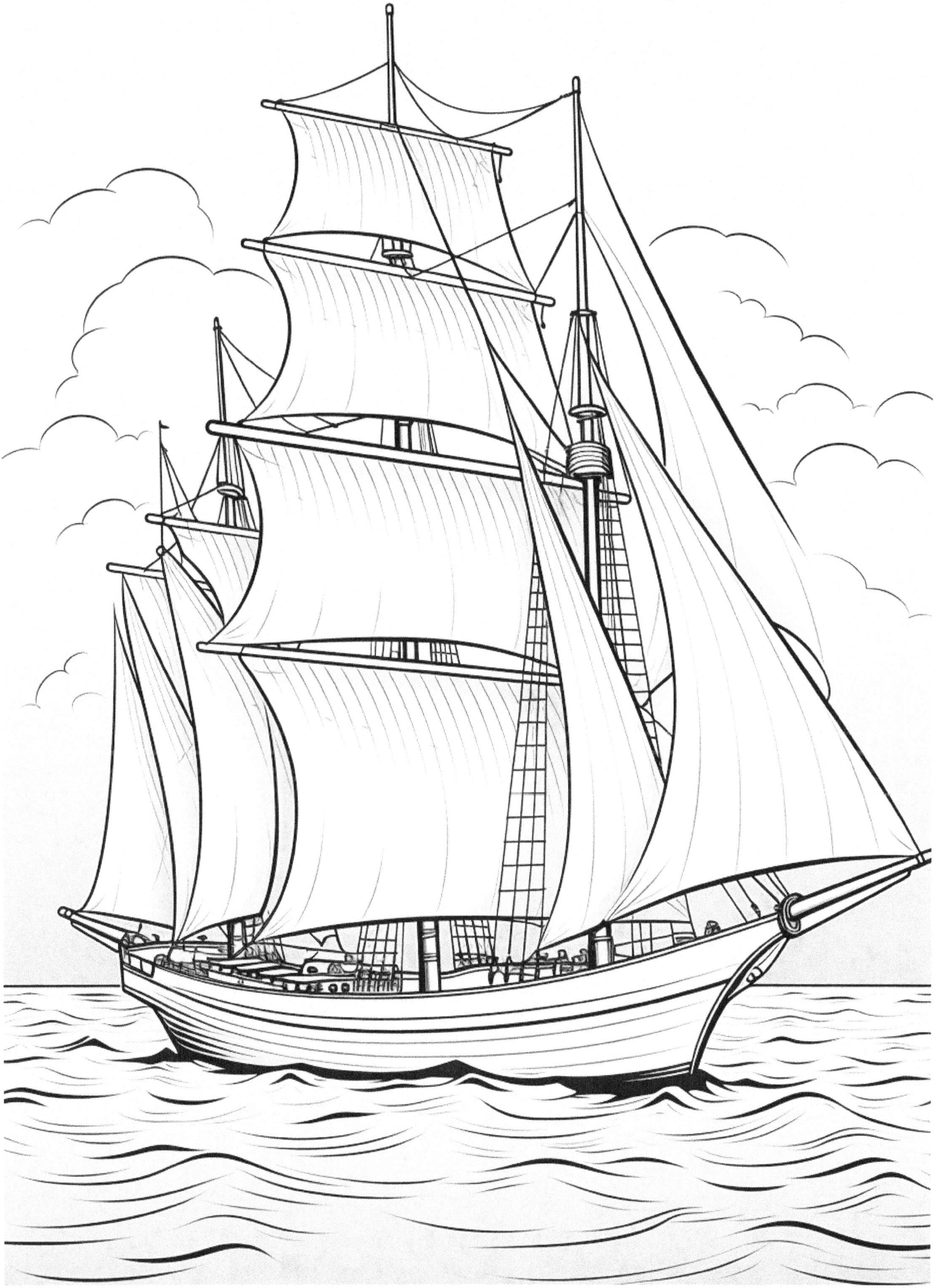

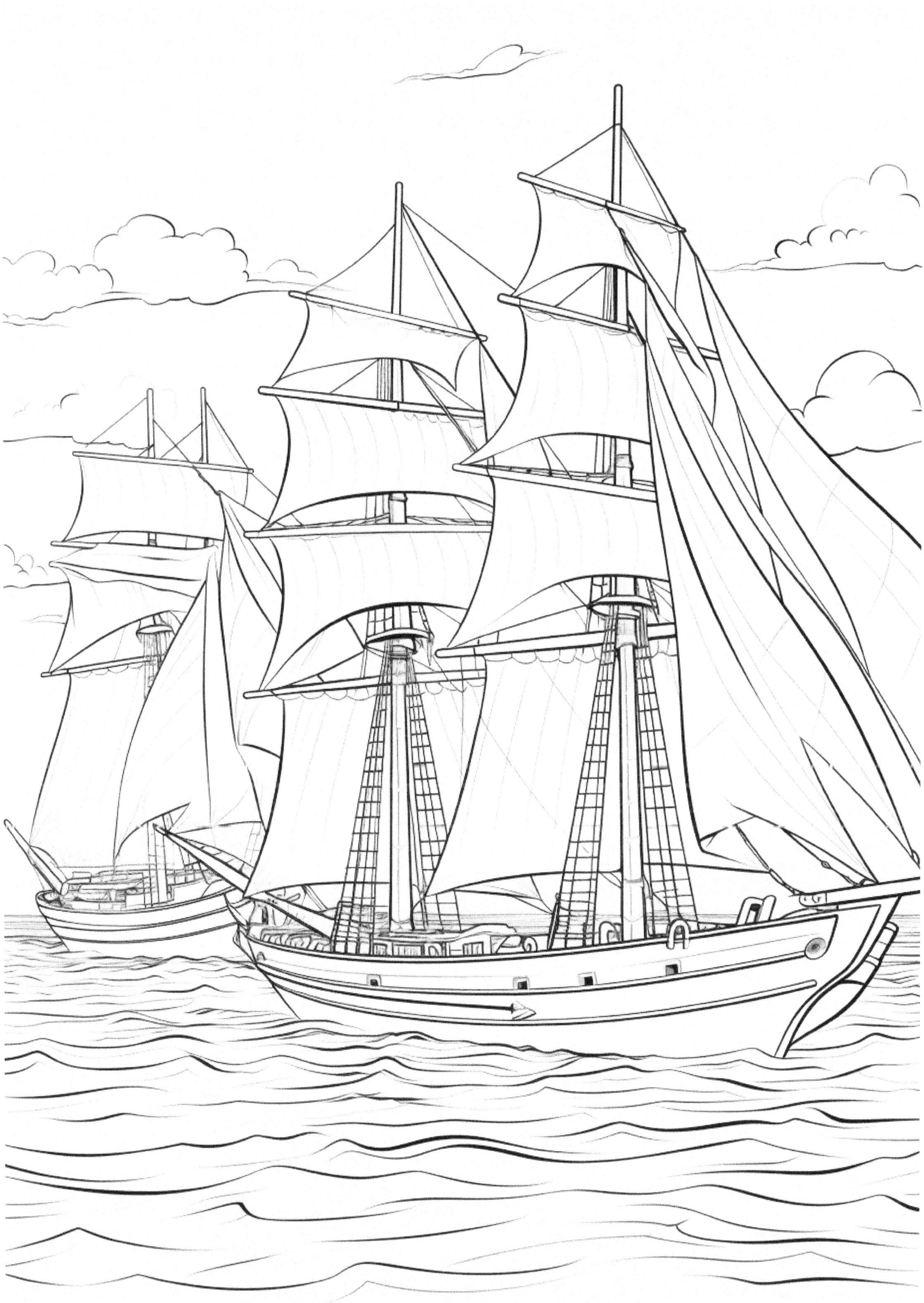

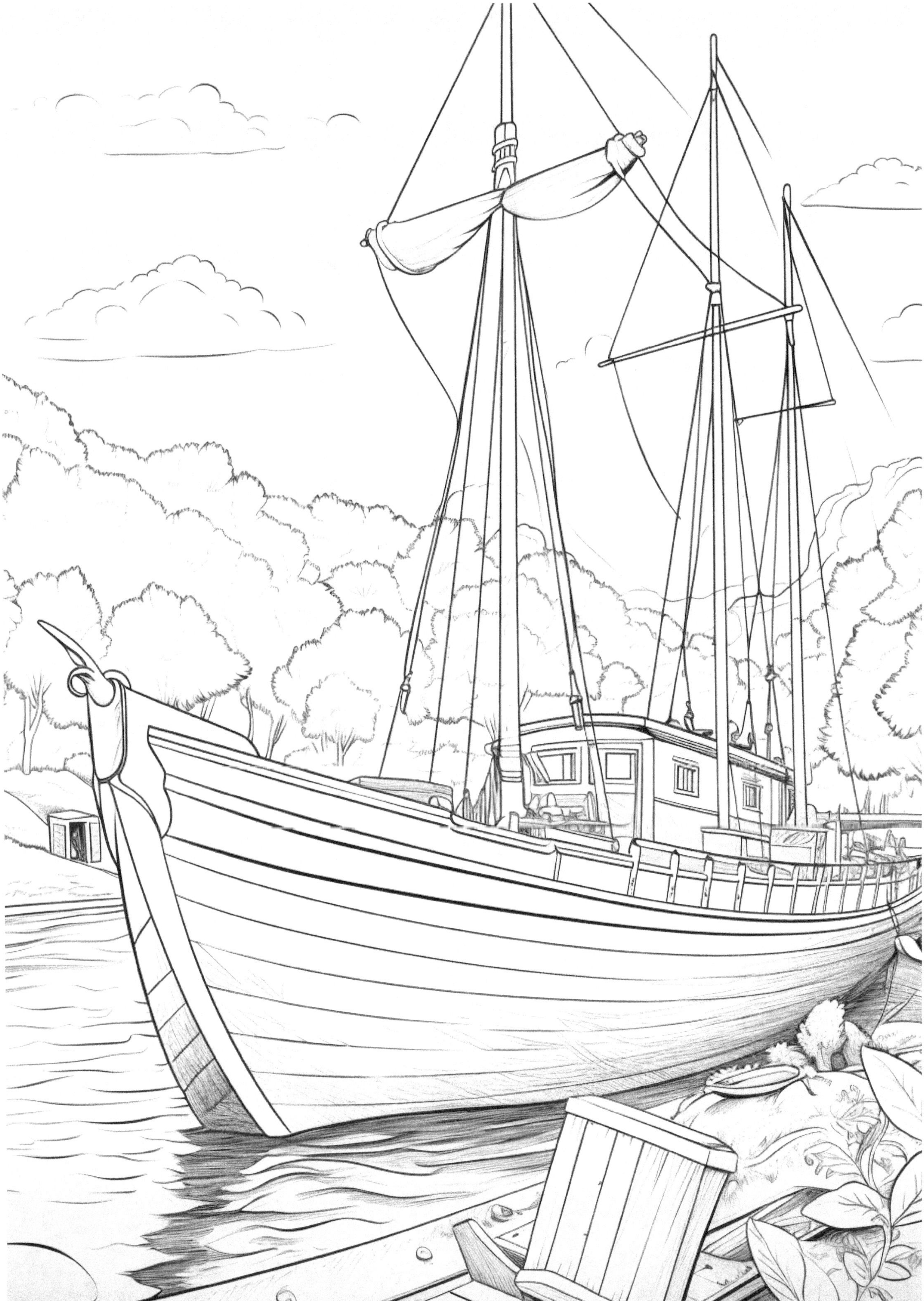

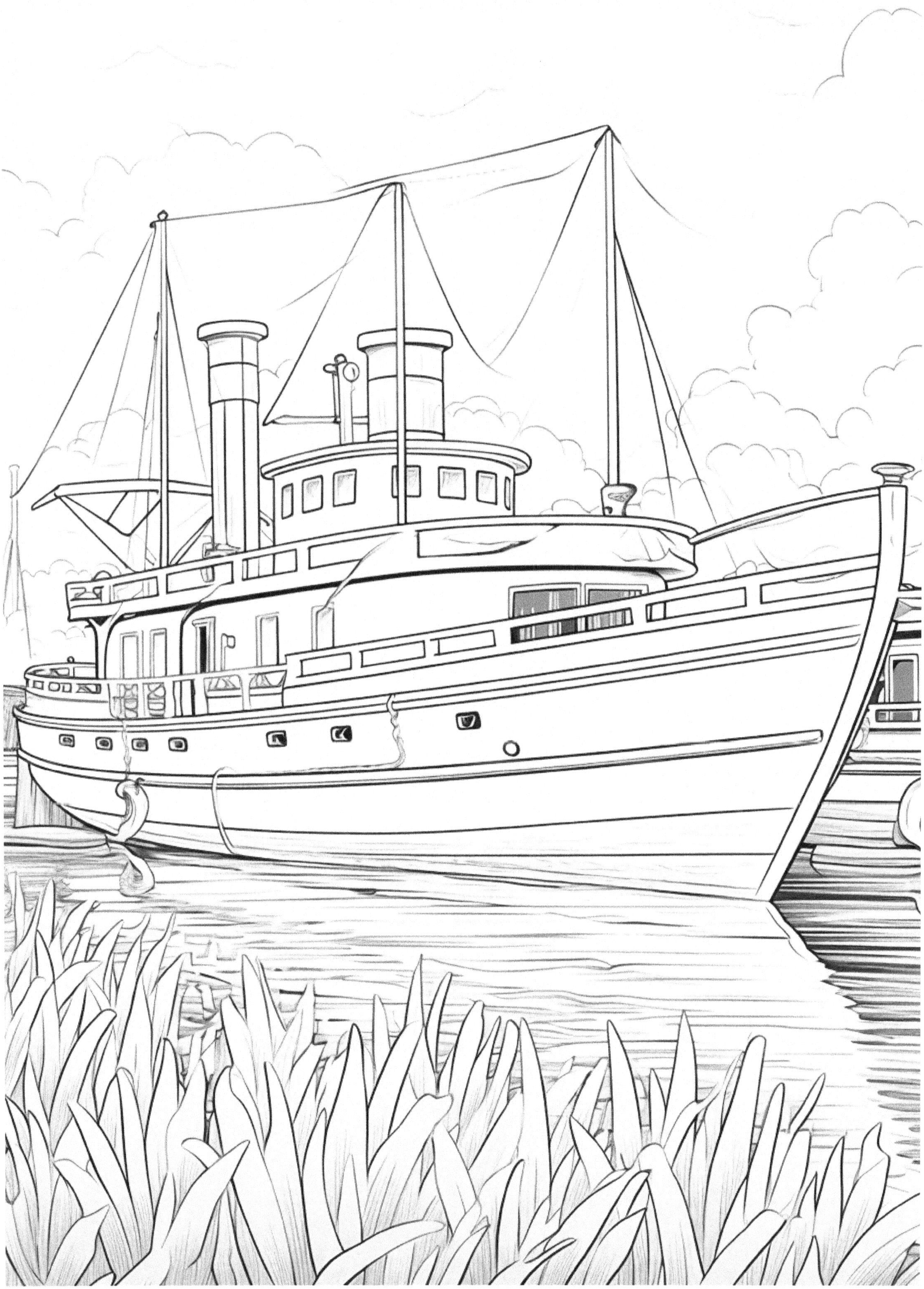

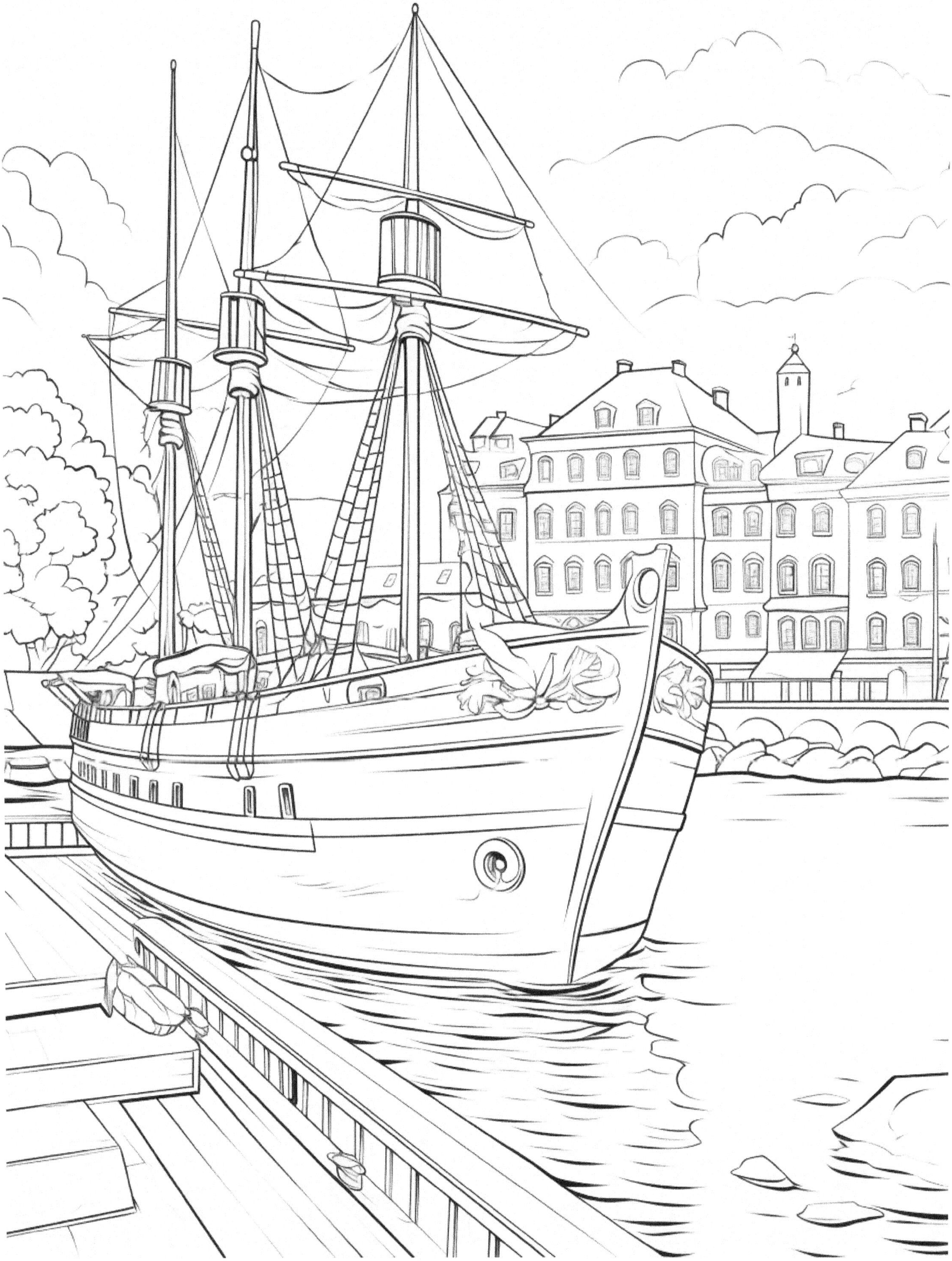

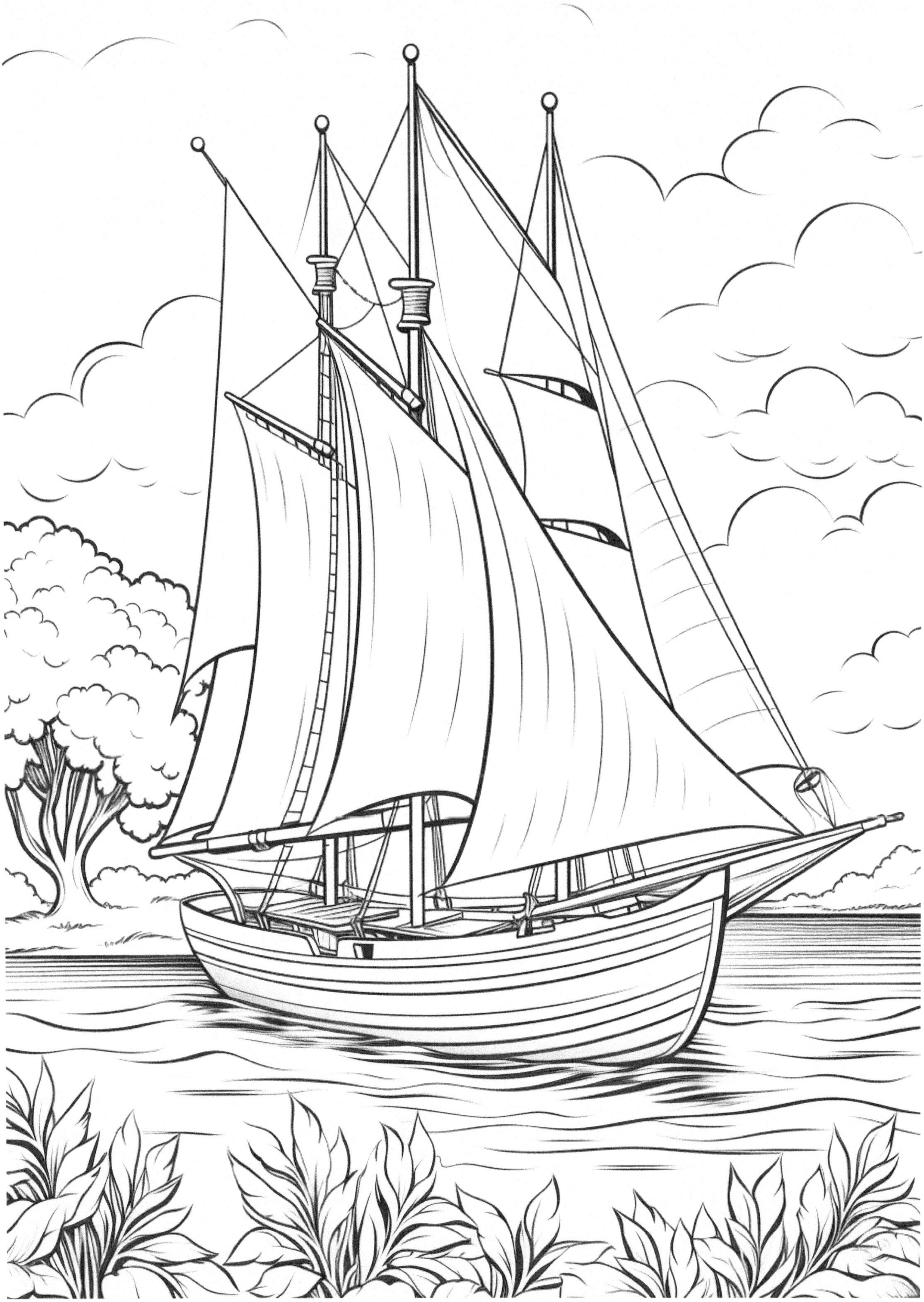

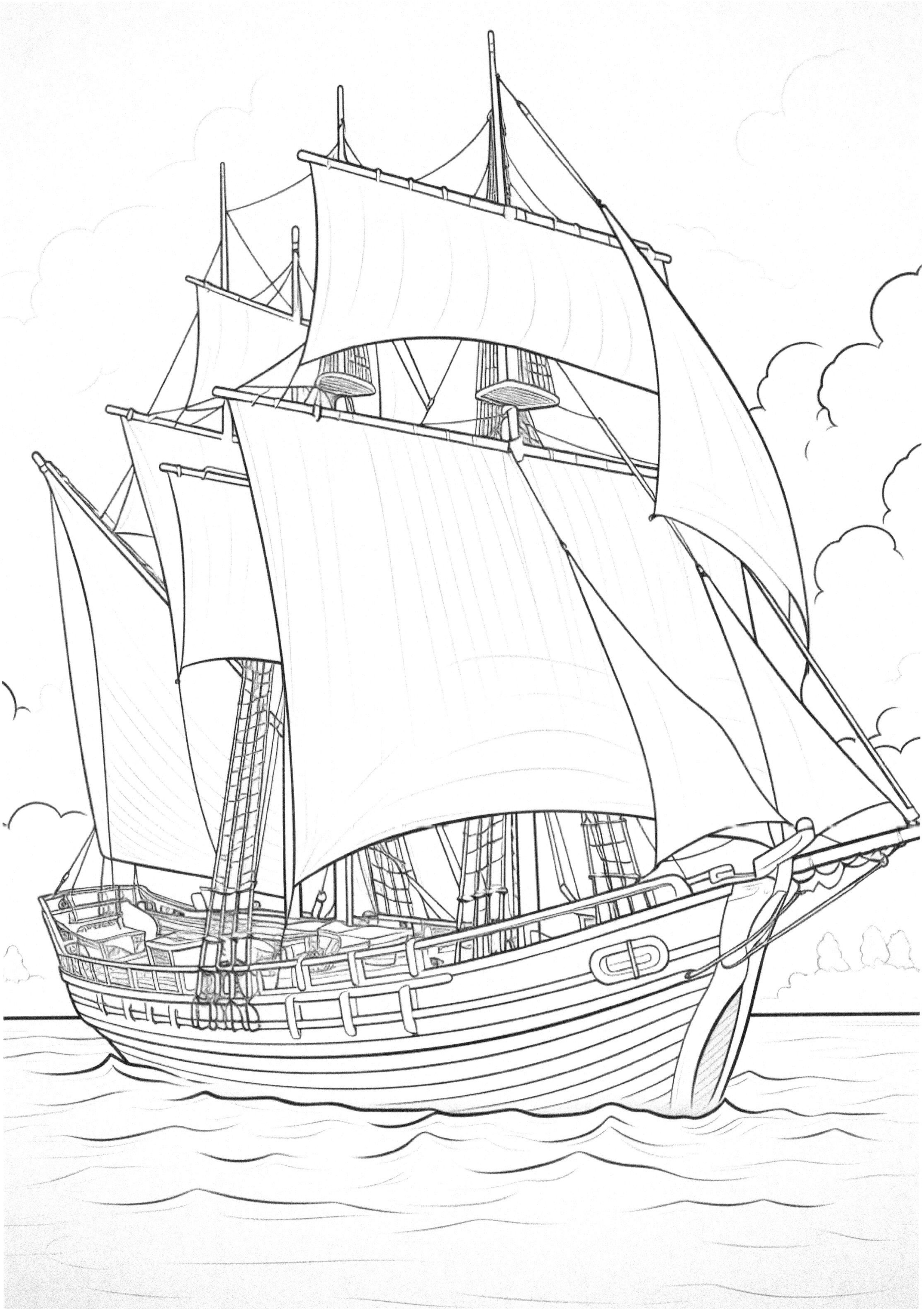

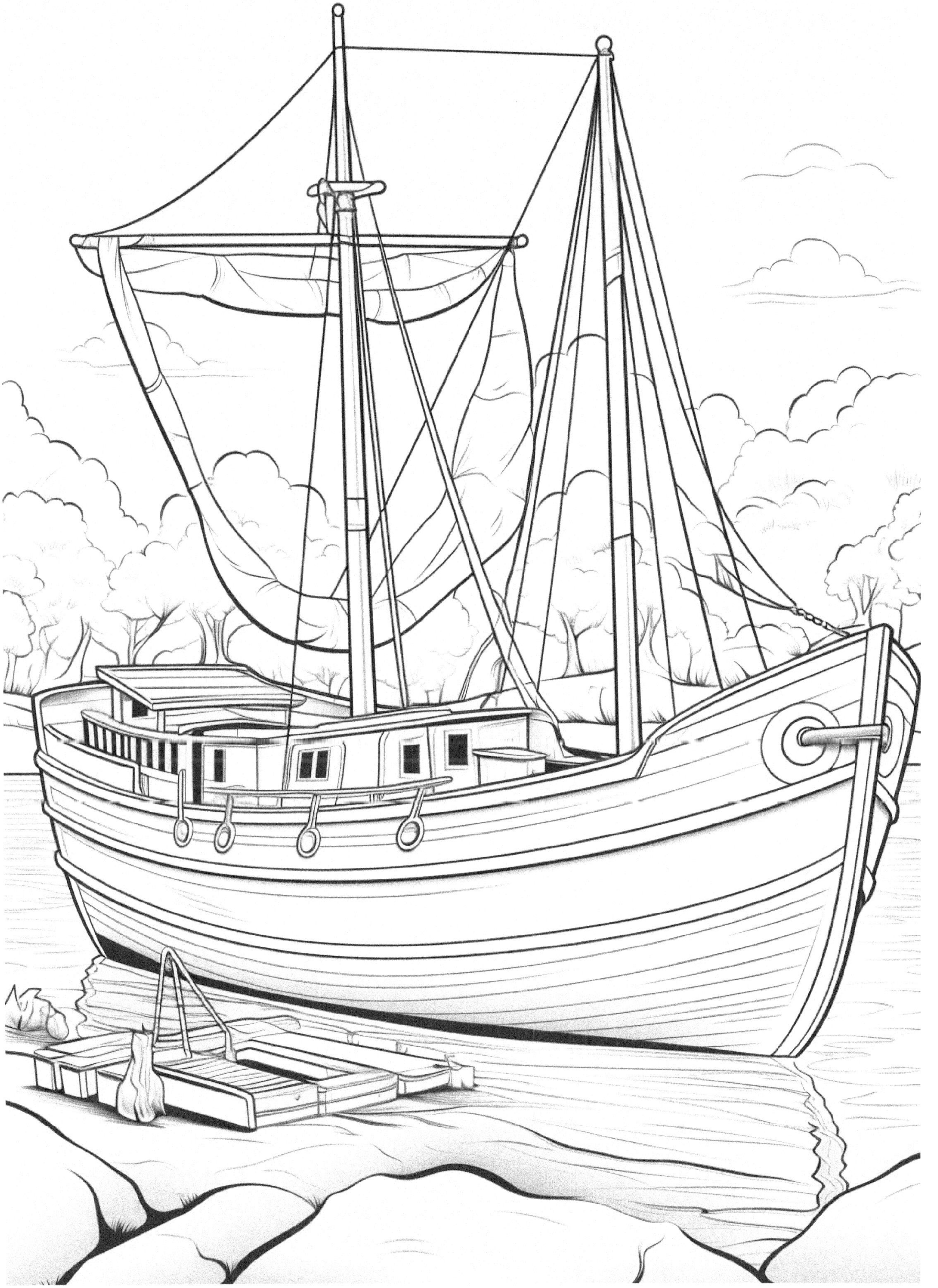

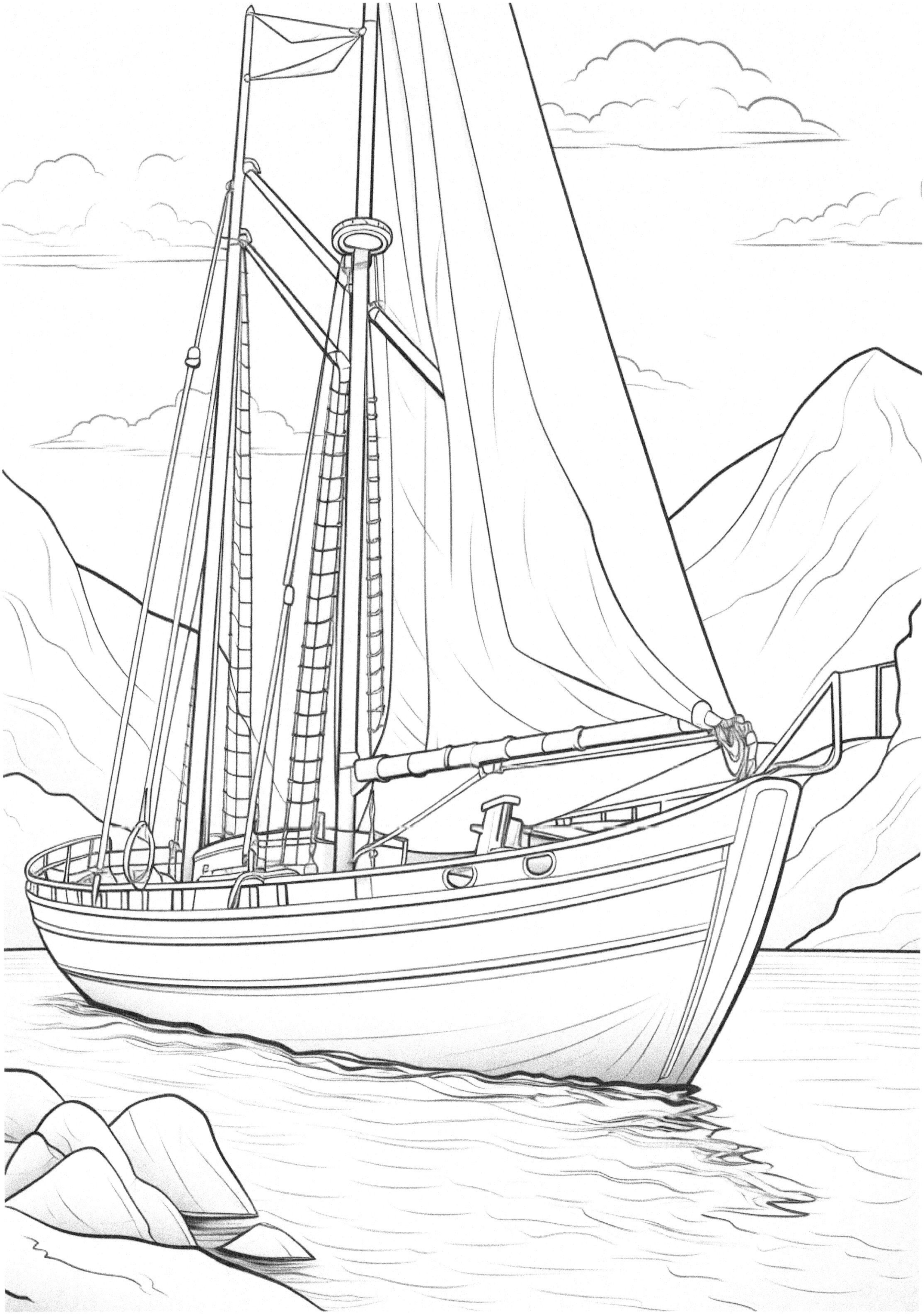

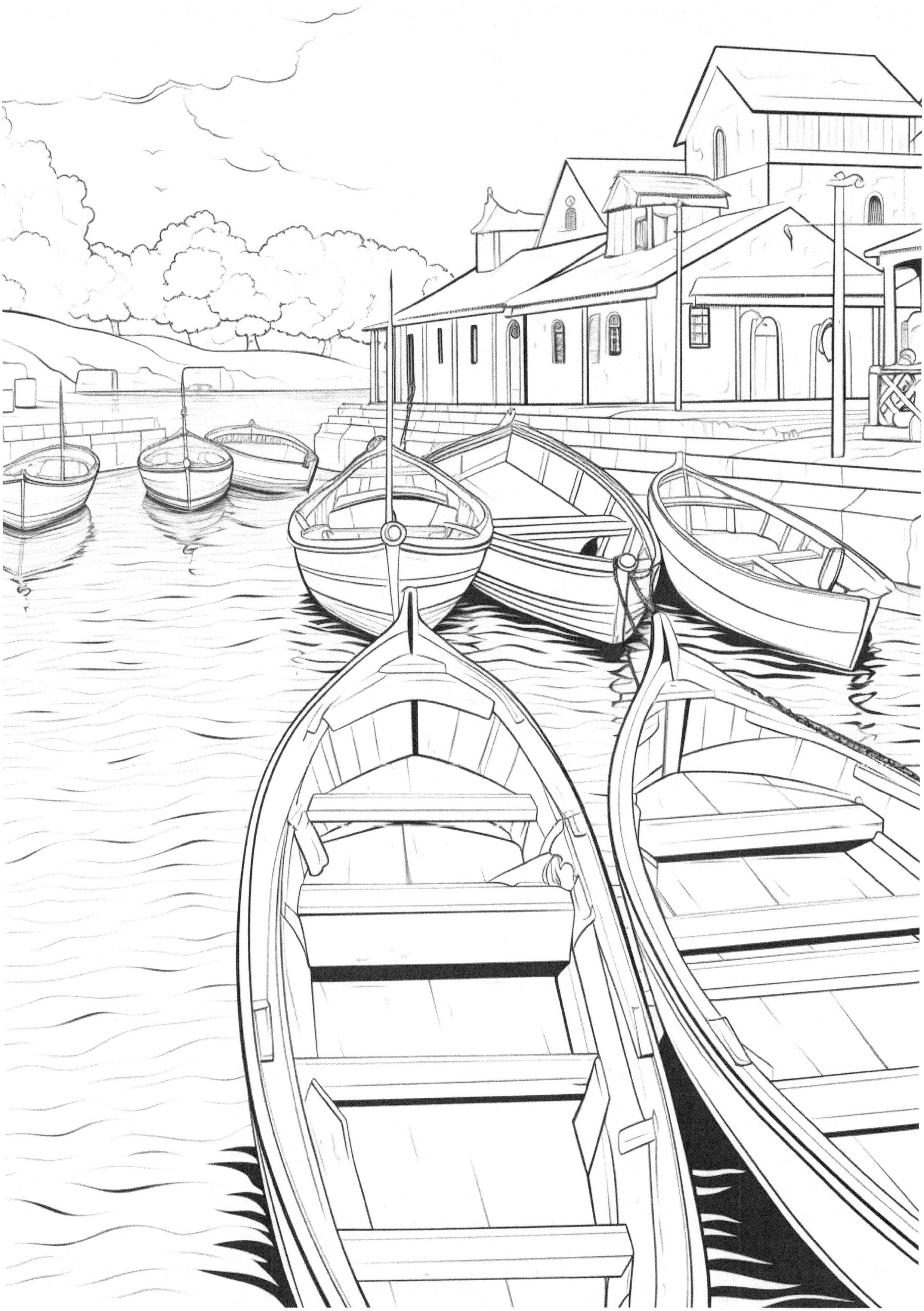

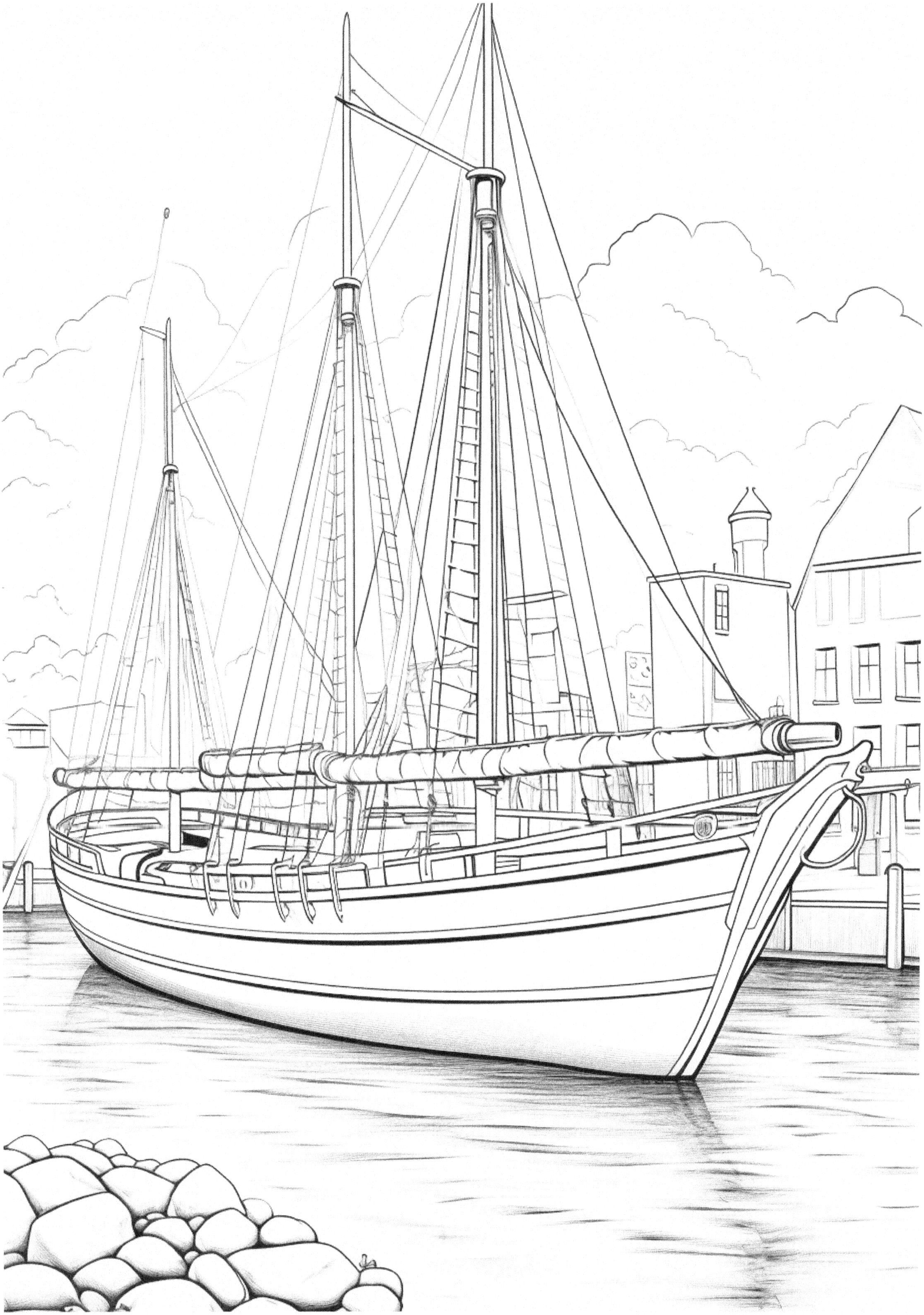

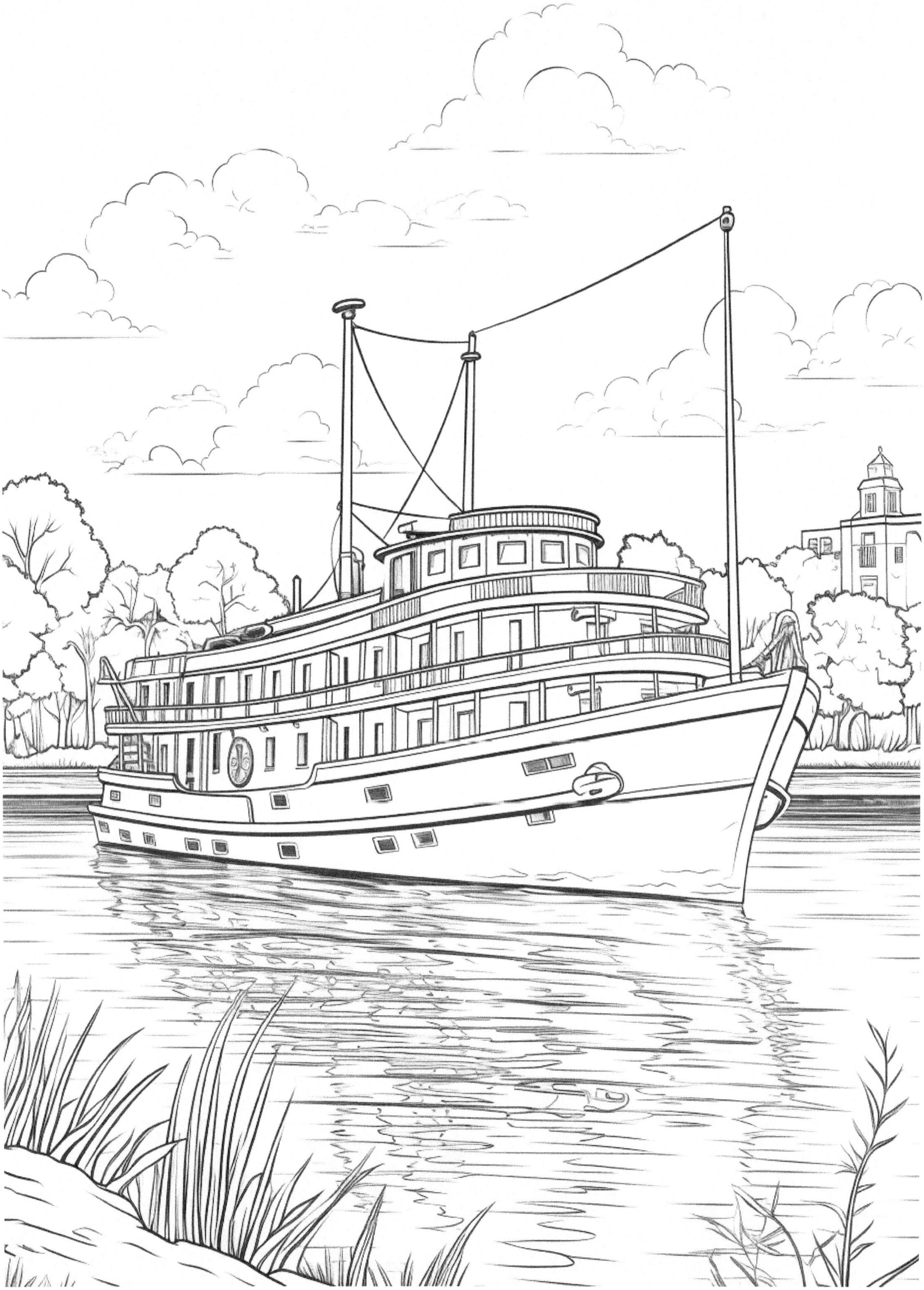

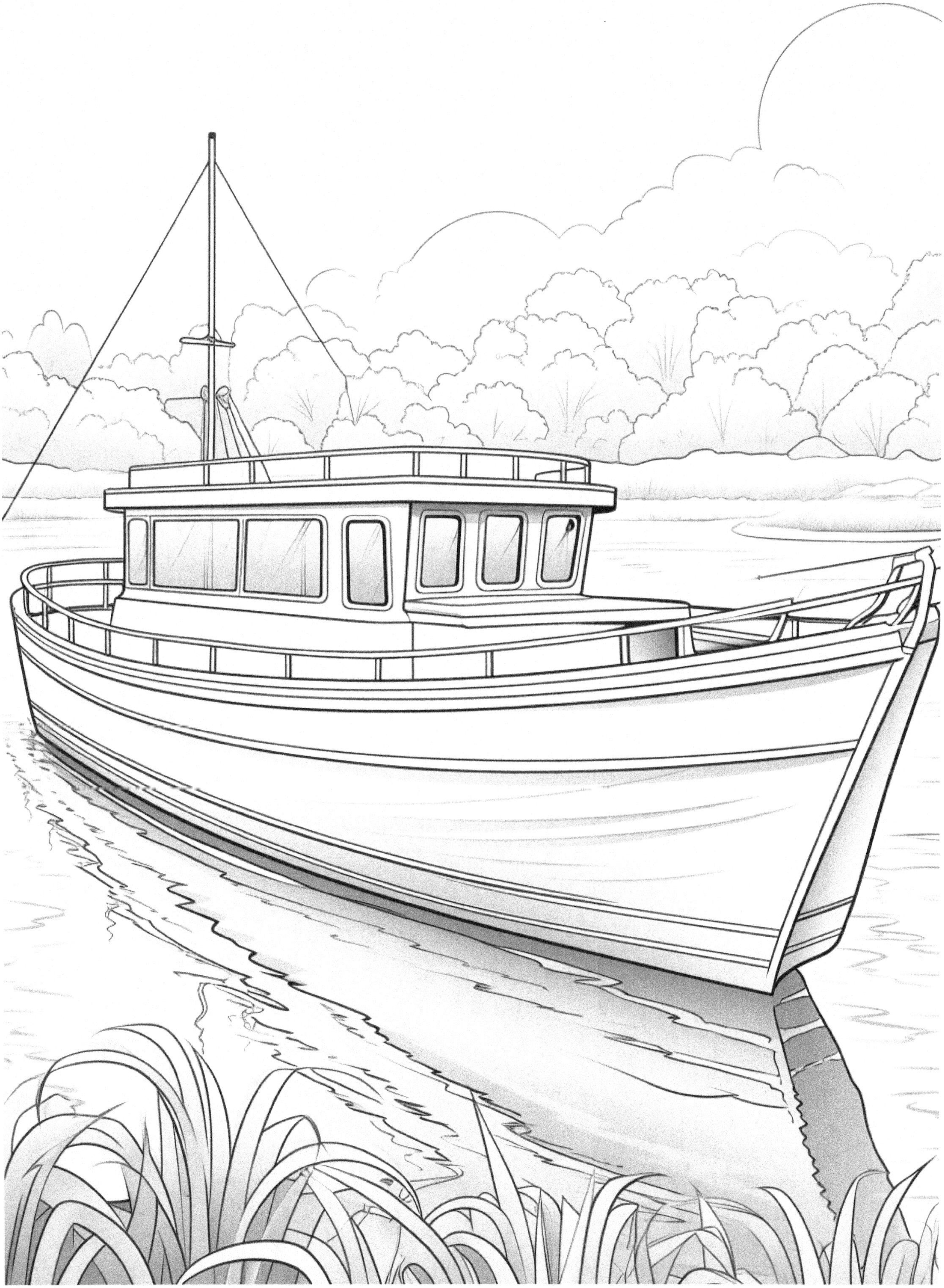

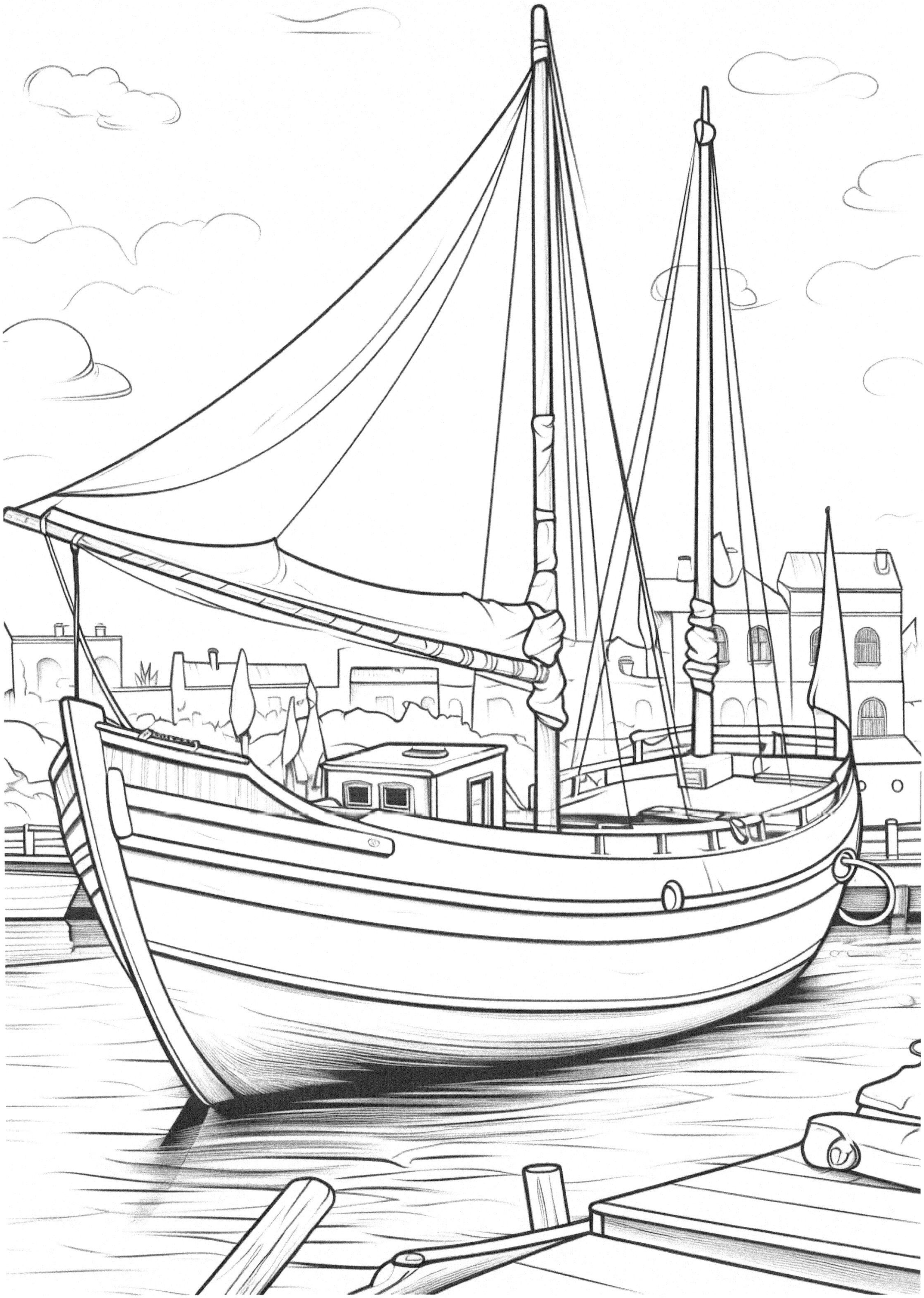

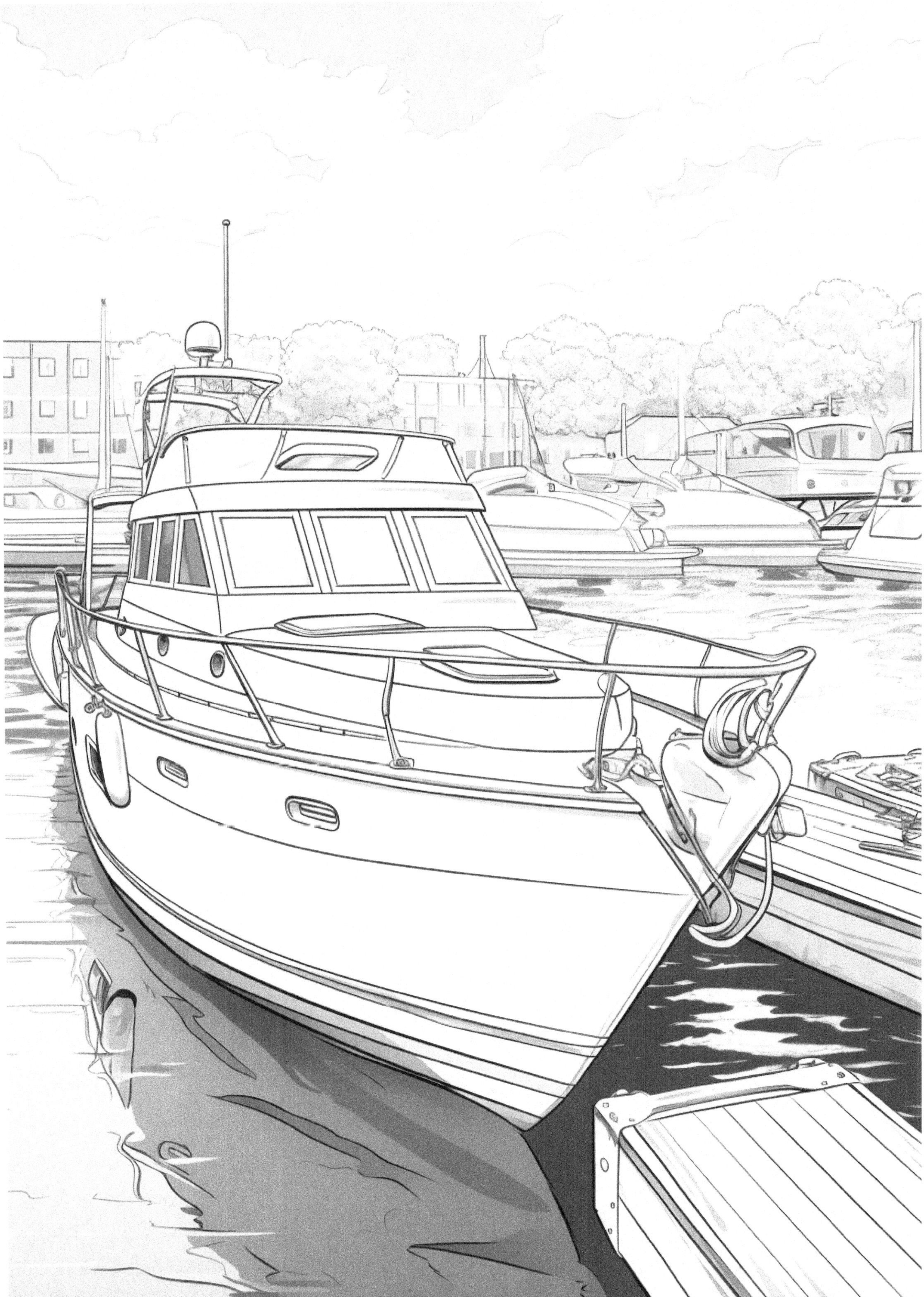

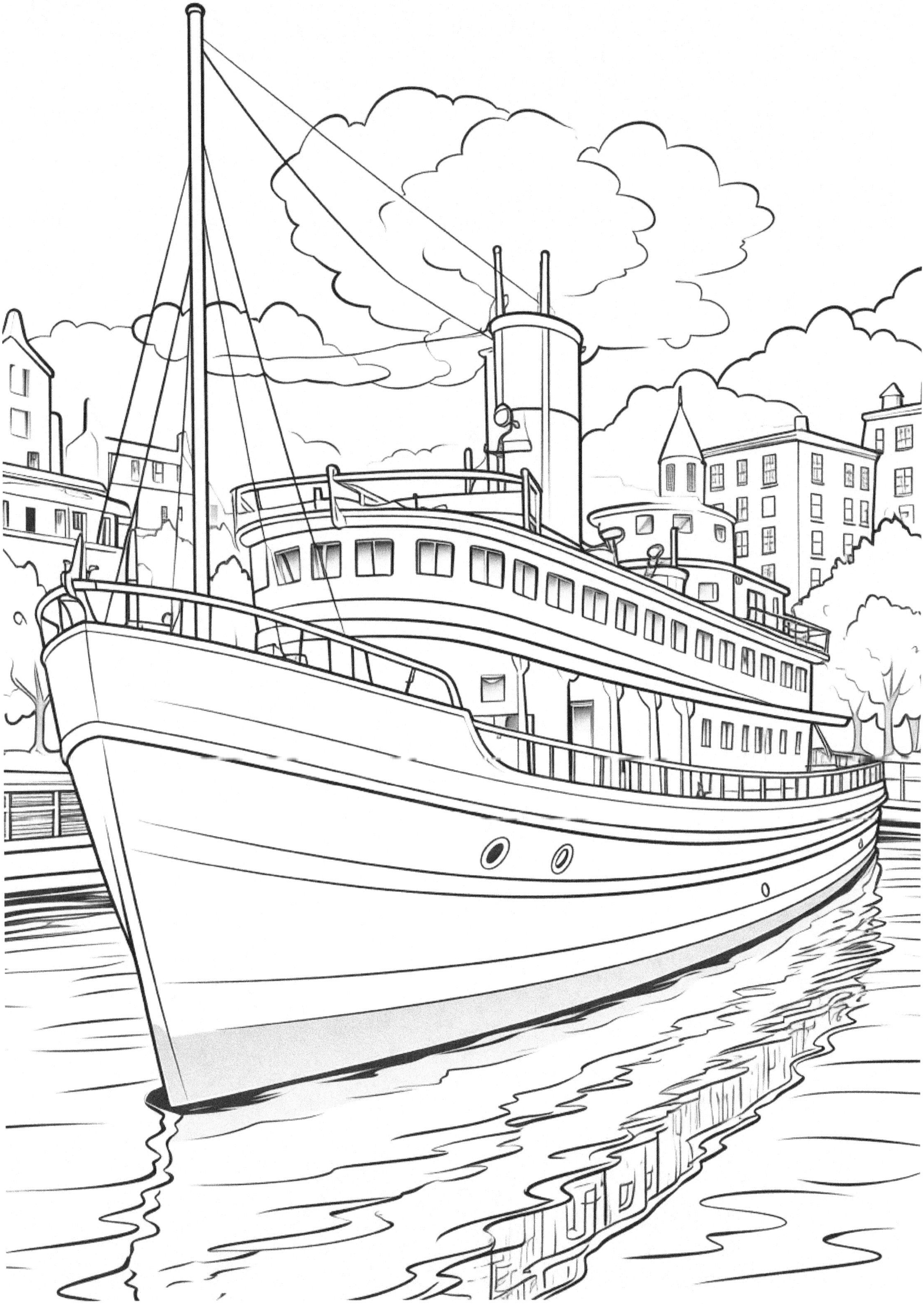

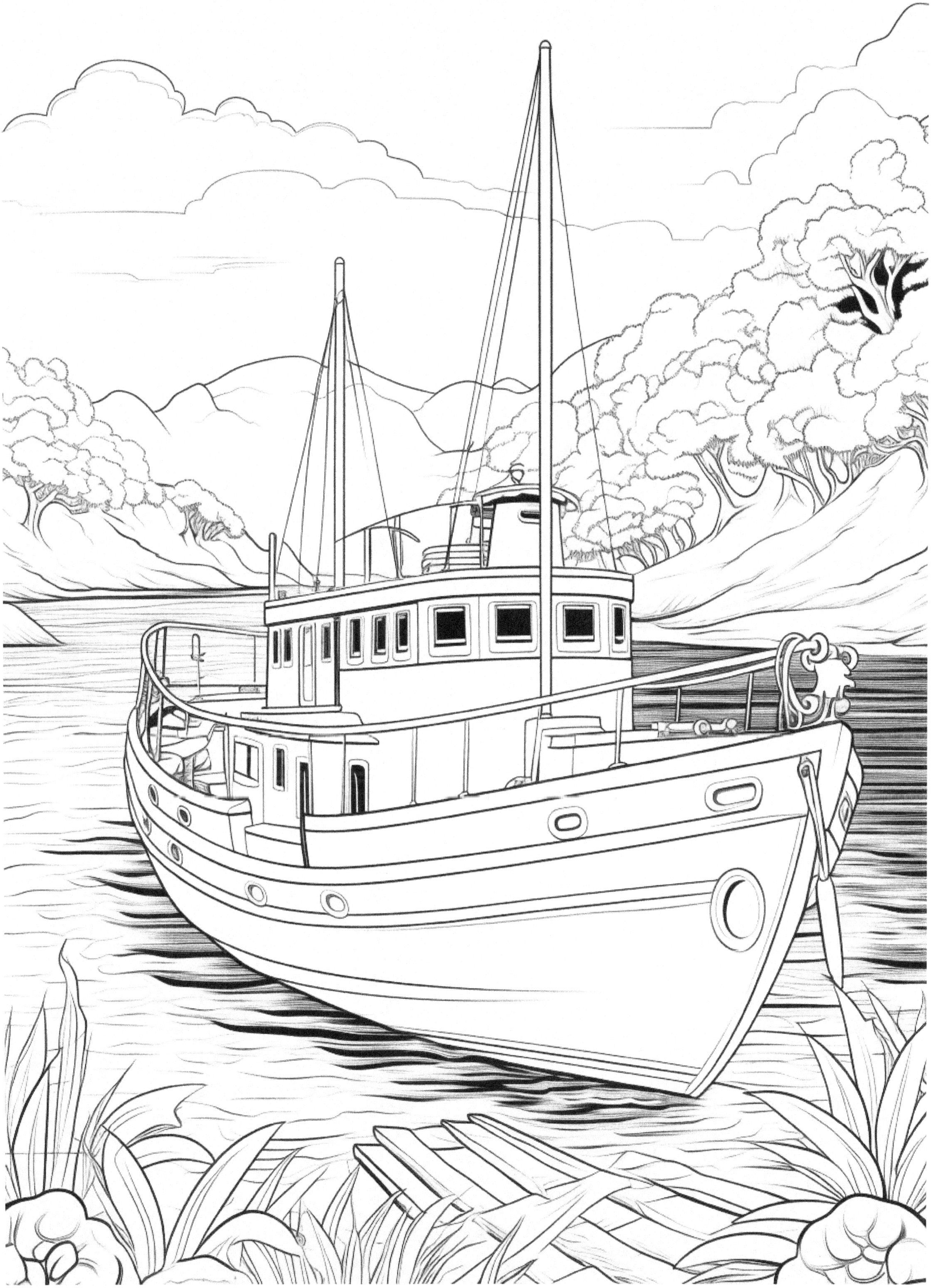

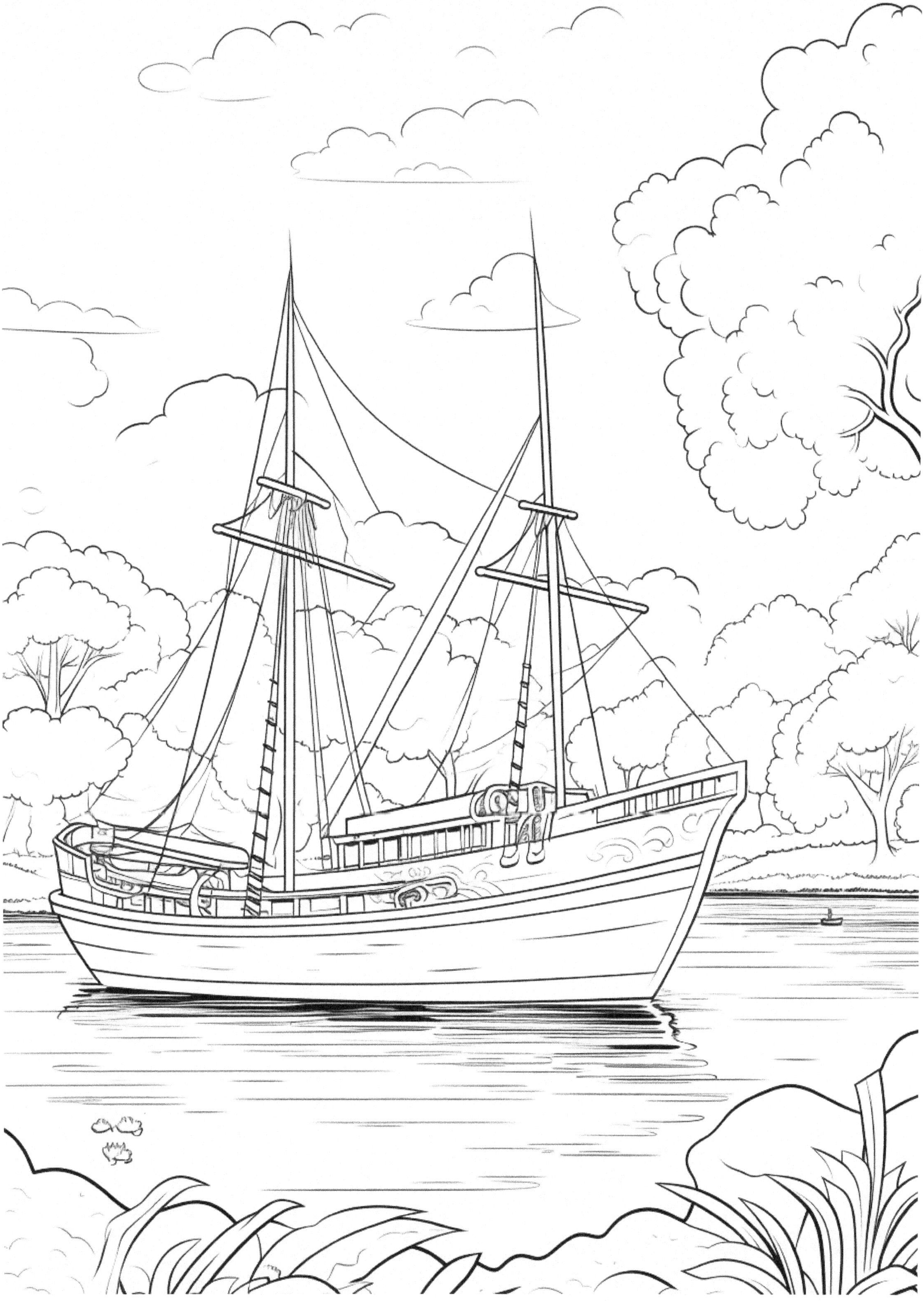

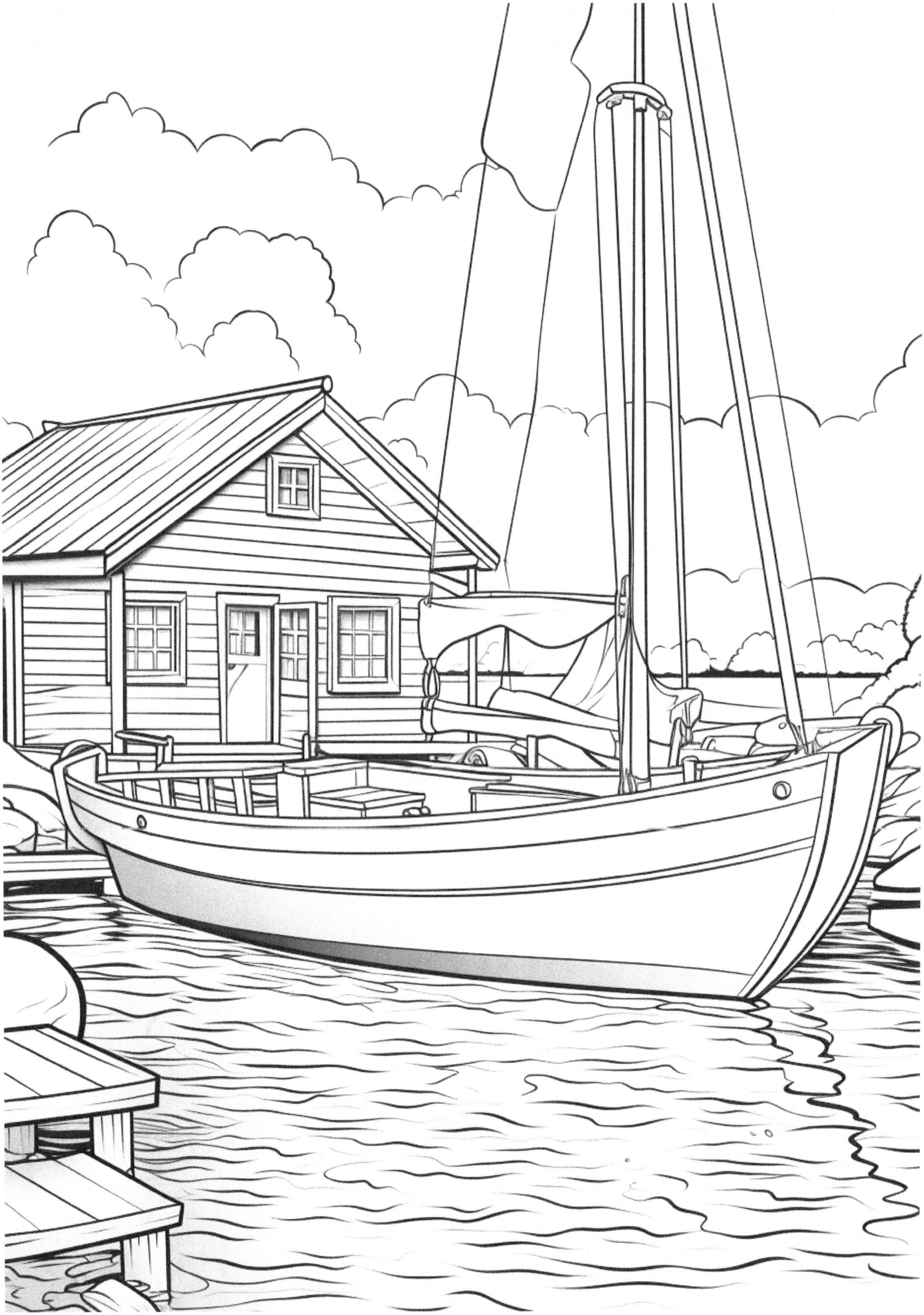

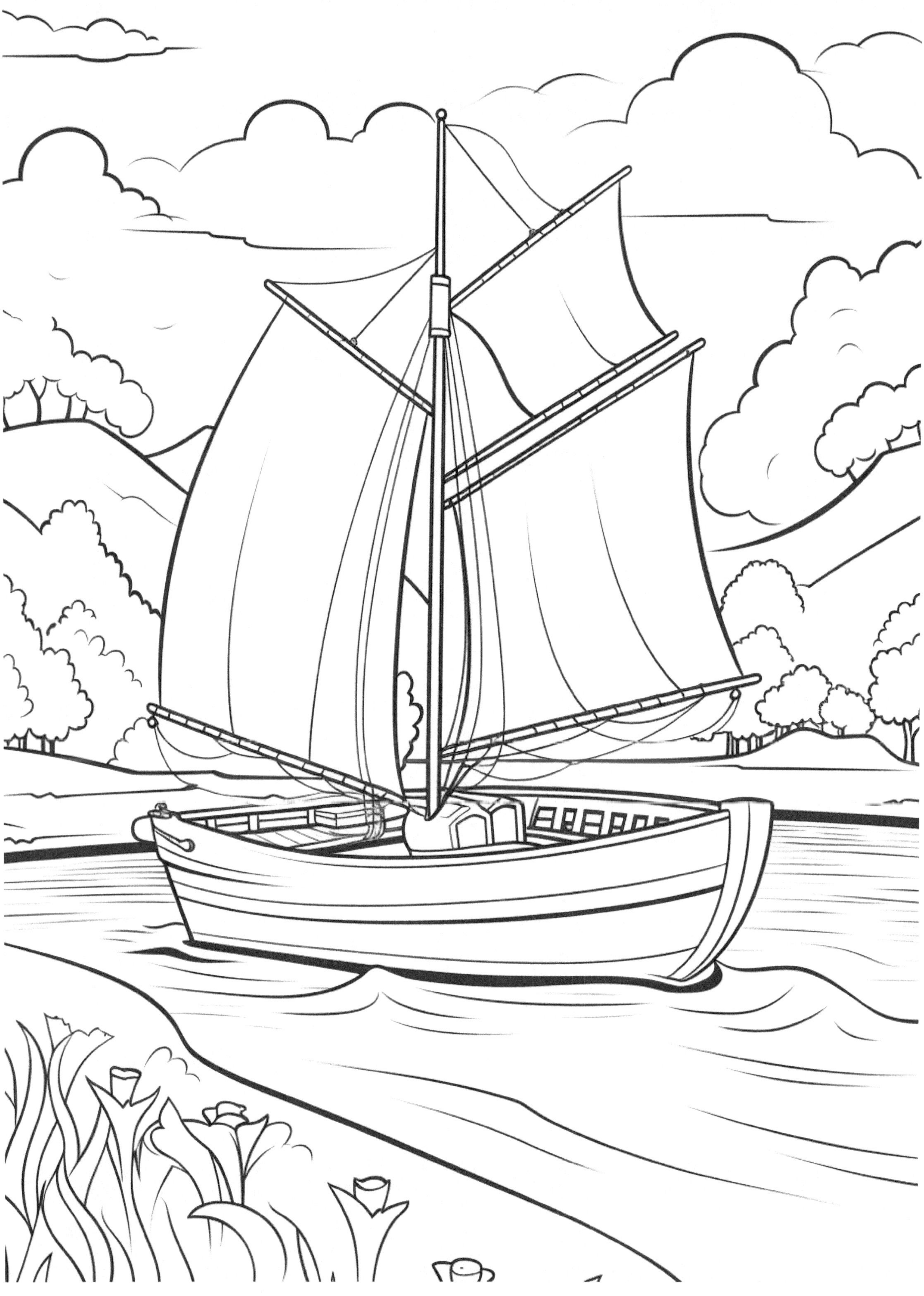

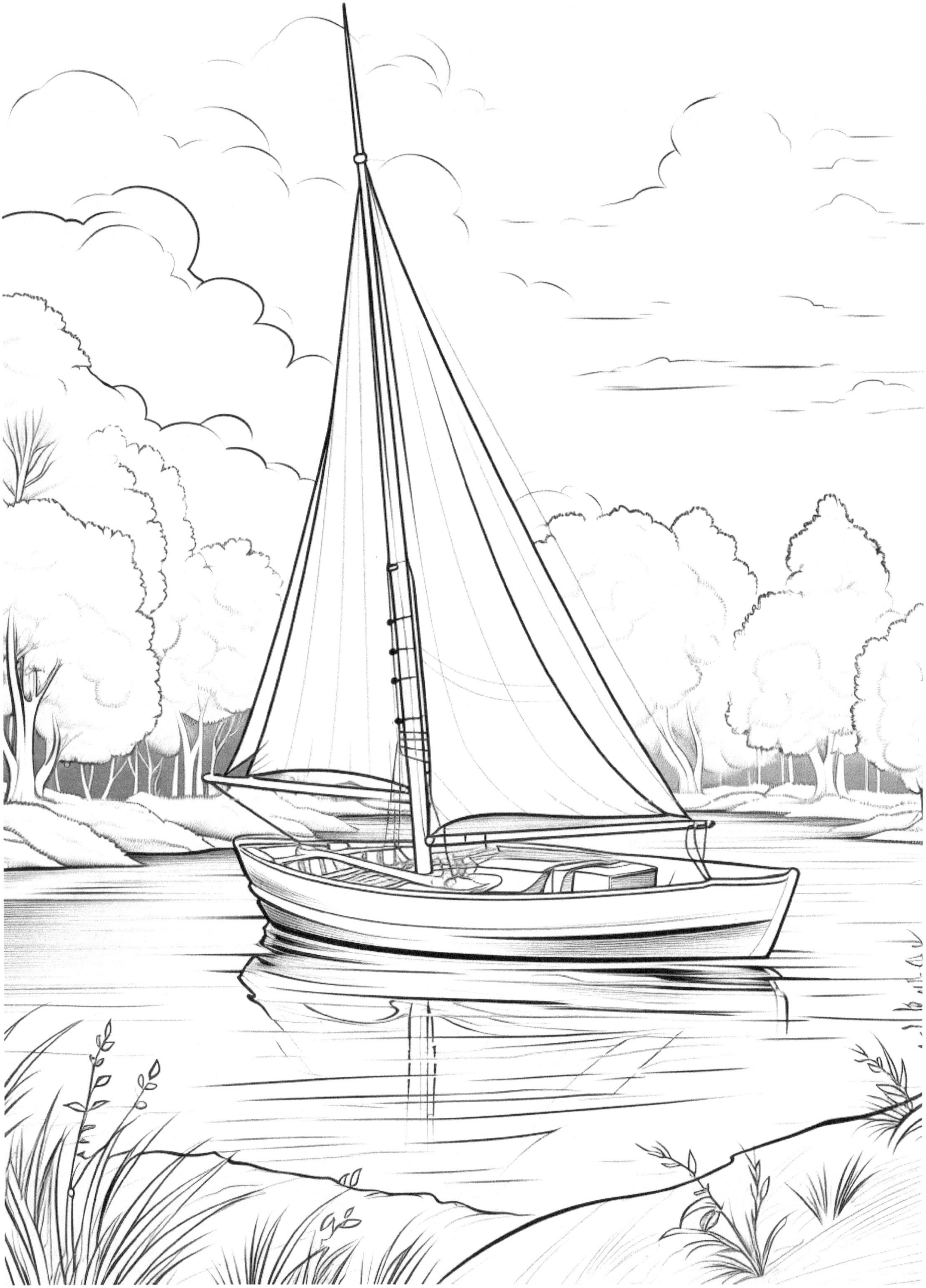

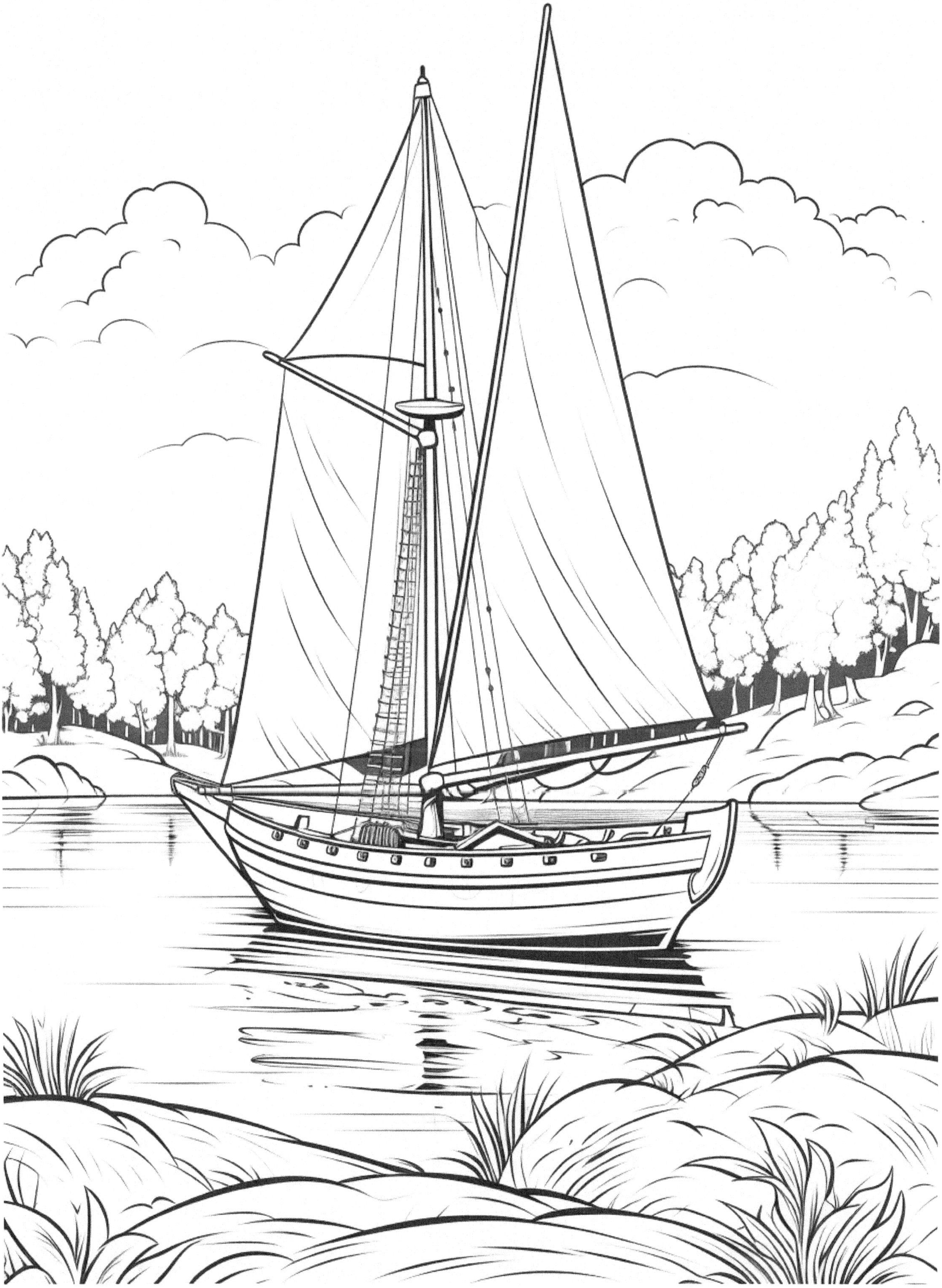

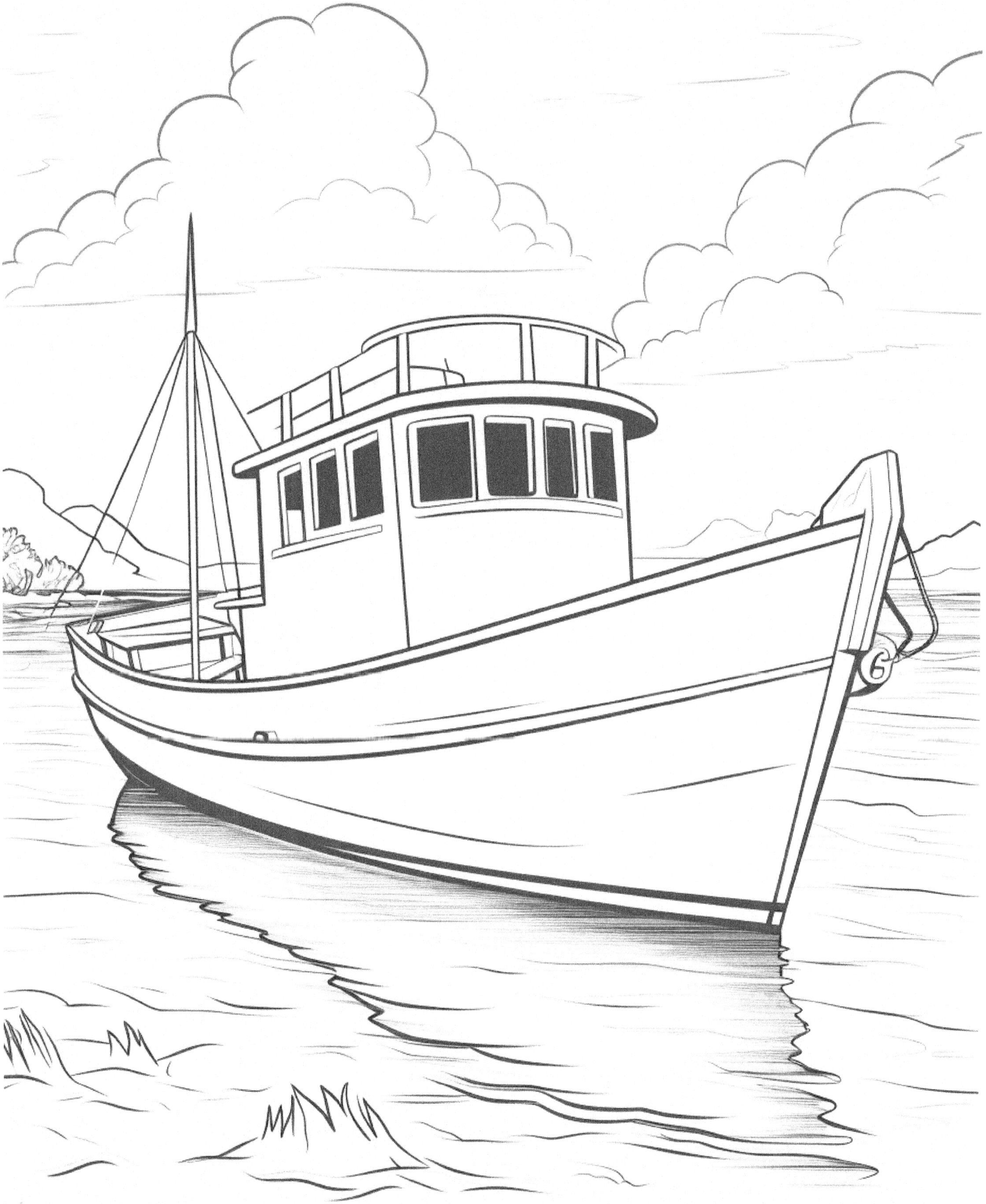

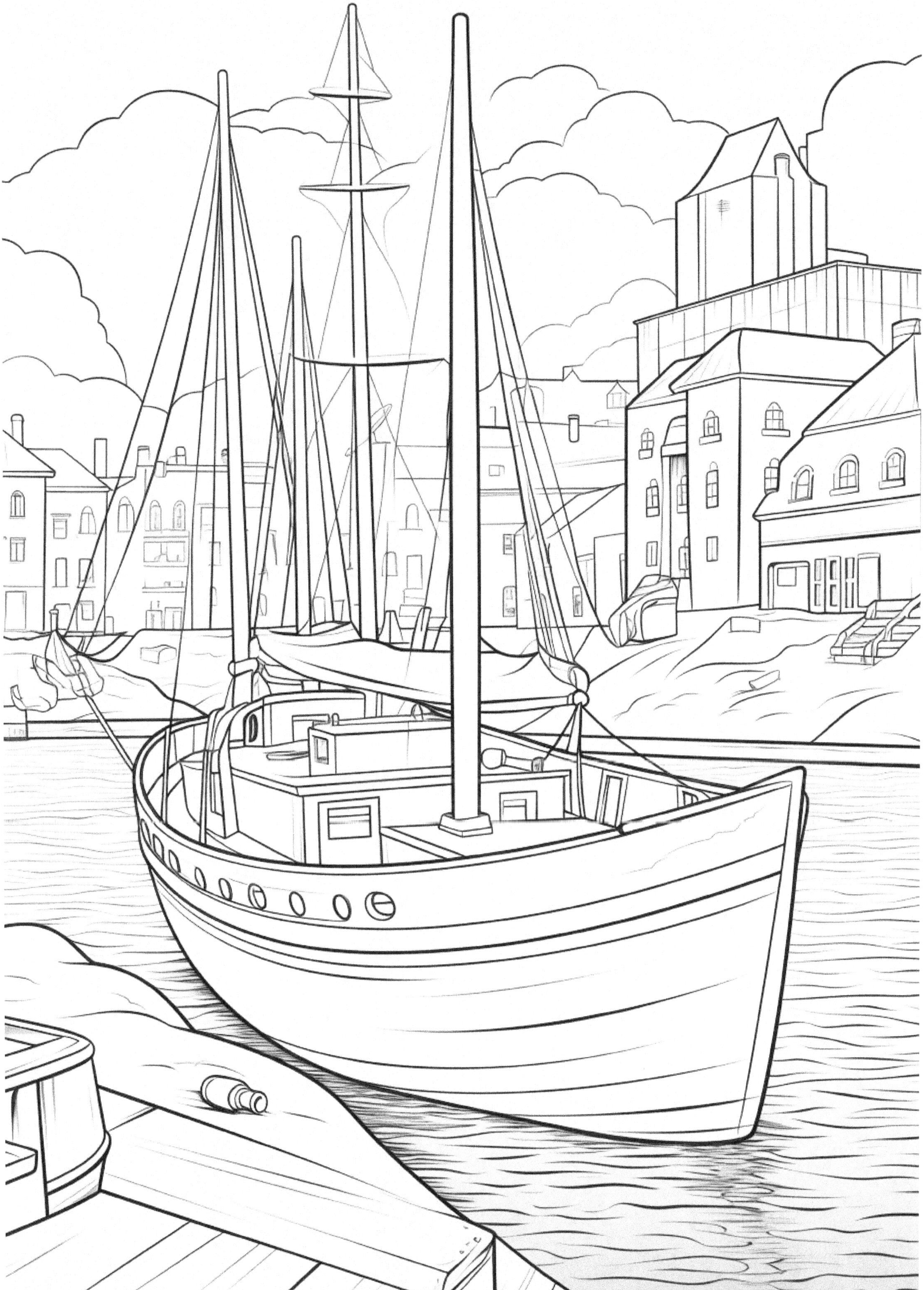

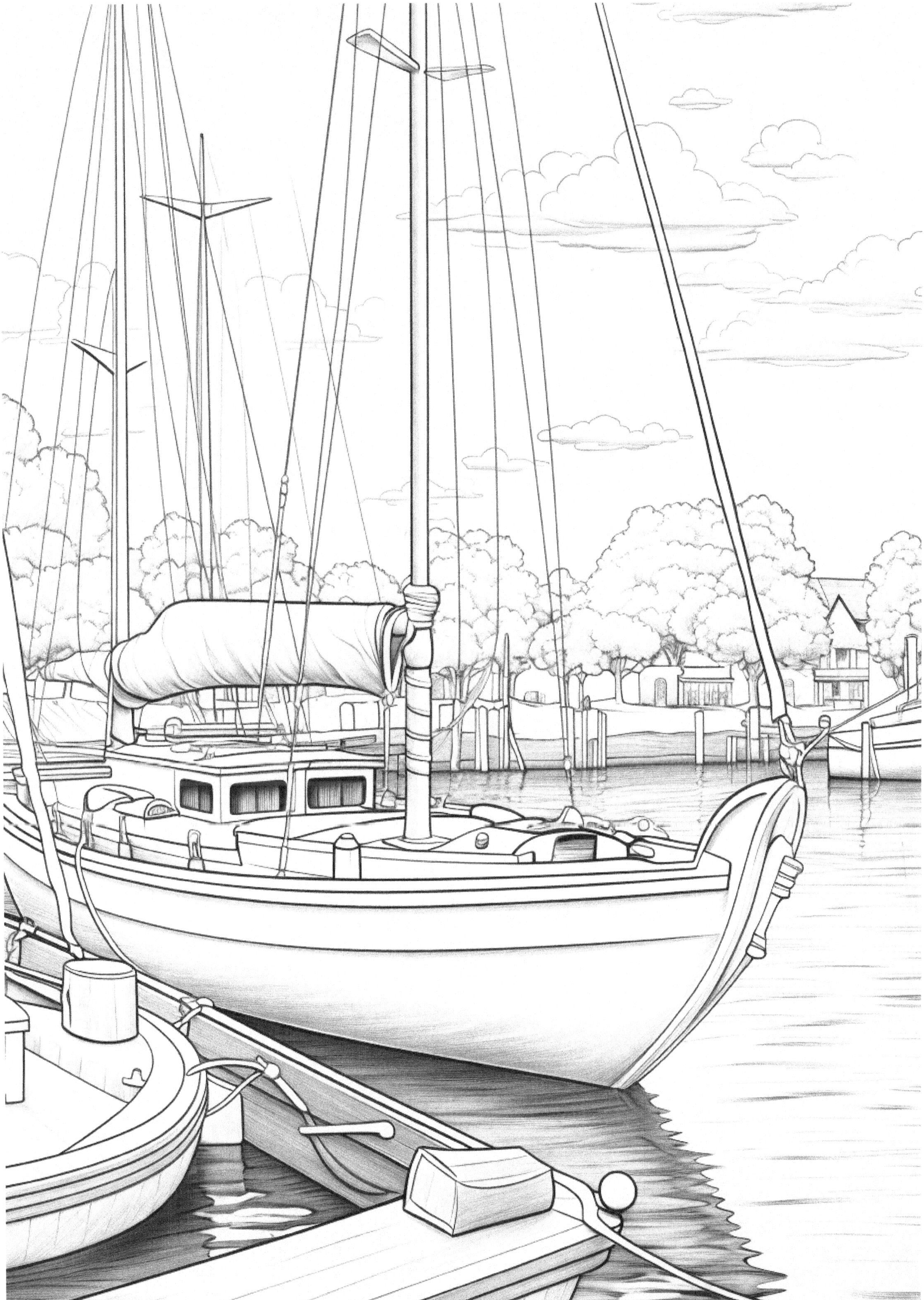

www.ingramcontent.com/pod-product-compliance
Lightning Source LLC
Chambersburg PA
CBHW082224290526
45794CB00009B/3666
* 9 7 9 8 8 7 1 5 9 2 7 0 0 *